David Bosshart
The Age of Less

David Bosshart

The Age of Less

Die neue Wohlstandsformel
der westlichen Welt

MURMANN

Dieses Buch wurde klimaneutral produziert

Bibliografische Information der Deutschen Nationalbibliothek
Die Deutsche Nationalbibliothek verzeichnet diese Publikation in
der deutschen Nationalbibliografie; detaillierte bibliografische Daten
sind im Internet über http://dnb.d-nb.de abrufbar.

ISBN 978-3-86774-156-9

Lektorat: Evelin Schultheiß, Ahrensburg
Umschlaggestaltung: neues aus hamburg, Hamburg
Herstellung und Gestaltung: Presse- und Verlagsservice, Erding
Gesetzt aus der Sabon und der Frutiger
Druck und Bindung: Freiburger Graphische Betriebe, Freiburg
Printed in Germany

Besuchen Sie uns im Internet: **www.murmann-verlag.de**

Ihre Meinung zu diesem Buch interessiert uns!
Zuschriften bitte an **info@murmann-verlag.de**

Den Newsletter des Murmann Verlages können Sie anfordern unter
newsletter@murmann-verlag.de

Inhalt

Einleitung: Vor uns die guten Jahre

Wir haben in der westlichen Welt keine sieben fetten Jahre hinter uns wie jener Pharao, von dem die Bibel erzählt, sondern sechs fette Jahrzehnte. Mit supererfolgreichen Staaten: Sie garantierten Sicherheit und Stabilität für die Bürger. Mit supererfolgreicher Wirtschaft: Sie garantierte Produktivität und Wachstum. Mit supererfolgreichen Sozialsystemen: Sie haben auch den unteren und vor allem den mittleren Schichten eine schnelle Integration erlaubt. Wir sind alle Hedonisten verschiedenster Schattierungen geworden, der Konsum hat uns viele Glücksmomente beschert, auf die niemand mehr ernsthaft verzichten will. Wir haben uns die Erde untertan gemacht und uns in unserem Erfolg gesonnt.

Und genau dieser Erfolg der letzten 60 Jahre ist derzeit unsere größte Herausforderung. Erfolg macht blind – »nothing fails like success«. Wir haben uns in der falschen Sicherheit gewiegt, dass alles immer so weitergeht. Mit ein paar konjunkturellen Einbrüchen dazwischen, aber das gehört dazu; danach geht es wieder im alten Stil aufwärts. Wir können uns, vom jahrzehntelangen Erfolg verwöhnt, eine Zukunft gar nicht mehr wirklich anders vorstellen als eine Fortführung der jetzigen Welt.

Die Fortführung seiner bisherigen Welt, das war es, was dem Pharao gelang. Er hatte von seinem Traumdeuter Joseph rechtzeitig erfahren, dass auf die sieben fetten Jahre sieben magere folgen würden, und konnte Vorsorge treffen, um sein Ägypten über die harten Zeiten hinüberzuretten. Für eine Gesellschaft, die ihr Bestehen in Jahrtausenden misst, war das zweifelsohne eine kluge Strategie.

Für uns wäre sie unklug. Mit dem Bunkern von Konservendosen oder Goldbarren lässt sich eine Konjunkturkrise oder ein Bürgerkrieg überstehen, aber keine Zeitenwende gestalten. Und genau das ist unsere große Herausforderung. Unser Erfolg wurde mit »alt, weiß, männlich, satt« erarbeitet: ein einfaches, klares Weltbild, klare Feindbilder, klare politische Trennlinien – »wir da oben, ihr da unten«. Doch heute bekommen wir es mit »jung, asiatisch, weiblich, hungrig« zu tun, und das in einer hypervernetzten globalen Welt. Es wird für uns kein »Weiterso« geben, sondern nur ein »Andersweiter«. Dafür werden wir lernen müssen, zu verstehen, zu teilen, zu umsorgen.

Die Zukunft ist offen und in unserer Hand. Es gibt genügend Möglichkeiten, sie zu meistern und lebbar zu machen. Kraft, Wissen und Instrumente sind vorhanden. Der Wille und die Moral werden wohl entscheidend dafür sein, ob wir eine »Lose-lose«-Welt erleben oder ob wir es schaffen, eine global tragfähige »Win-win«-Situation zu entwickeln. Auf fette Jahre würden wir auch dann vergeblich warten – aber gute Jahre können wir erreichen. Dieses Buch soll einen Beitrag dazu leisten.

ZEHN THESEN FÜR DAS AGE OF LESS

1. »Deleveraged Lifestyles« – Auf dem Weg zu einer vernünftigen Erwartungshaltung

Wir haben eine Welt der illusionären Erwartungen an unser Leben, an die Wirtschaft, an die Menschen geschaffen, die nur in immer größere Enttäuschungen münden können. Politiker, die gewählt werden wollen, müssen Versprechungen abgeben, die sie niemals erfüllen können. Manager, die einen hoch dotierten Job annehmen, müssen Versprechungen abgeben, die sie niemals erfüllen können. Marken geben Versprechungen ab, die sie niemals erfüllen können. Paare, die heiraten, versprechen sich ewige Liebe, die niemals realistisch ist und schon die baldige Scheidung erahnen lässt. Wir haben im Sog der Industrie- und Dienstleistungswelt der letzten 60 Jahre hochgezüchtete Superstrukturen aufgebaut, die wir nicht mehr unterhalten können. Sie sind morbid geworden. Unbezahlbar. Ein häufig, allerdings polemisch gebrauchtes Wort dafür ist »Anspruchsmentalität« oder auch »Anspruchsinflation«. Andere sprechen von der »Vollkaskomentalität«.

Die Wirtschaft ist heute ausgesprochen oder unausgesprochen weitgehend angstgetrieben: Angst vor Versagen, Angst vor Jobverlust, Angst vor Kontrollverlust, Angst vor Überschuldung, Angst vor Image- oder Reputationsverlust, Angst, vom Bildschirm der Kunden zu verschwinden. Angst vor dem Abstieg. Und wir begegnen dieser Entwicklung mit forciertem »Mehr vom selben«, rennen also immer schneller vor der Realität davon und verschieben alles in die Zukunft.

Jedoch: Lohnt es sich, in einer Wirtschaft zu leben, in der immer weniger Menschen realistische Erwartungen haben? Der große Vorteil in der vormodernen Wirtschaft war, dass die Erwartungen erfüllt werden konnten. Die Bedürfnisse – Haus und Herd, genügend zu essen, etwas zu tun, gewisse Sicherheiten – ließen sich mit menschlichen Anstrengungen auch weitgehend befriedigen (David Blaney und Naeem Inayatullah führen das in *Wilde Wirtschaft* beziehungsweise *Savage Economics* aus). Wir hingegen haben die persönlichen Erwartungen genauso exponentiell nach oben geschoben wie die Erwartung an das Wirtschaftswachstum oder an die Politik.

Das mag für eine Welt noch durchgehen, in der es klare (Befehls-)Hierarchien und einige *happy few* – die wenigen Glücklichen – gibt. Aber nicht für eine Welt des (demokratischen oder autoritär herbeibefohlenen) *Massenwohlstandes,* in der die Erwartungen der großen Masse nach immer mehr Premiumisierung geweckt werden. »*Even if you're not rich, you can fake it*« war vielleicht das wichtigste Motto der letzten Jahrzehnte, wunderbar und repräsentativ dargestellt in den Untersuchungen von Michael Silverstein und Neil Fiske: *Trading up: The New American Luxury* (2003). Denn das »Trading up« war auch – in der zeitgeistgemäßen Sprache der Finanzmärkte ein – sogenanntes »Leveraging« (wörtlich »aushebeln«) von Erwartungen, und wer nun endlich einen BMW fuhr, Starbucks-Kaffee trank oder ein Boss-T-Shirt trug, war *fake rich* – gefälscht reich. Vielleicht kein Zufall: Das kann man nur englisch beziehungsweise amerikanisch ausdrücken. Das Motto erinnert sehr stark an die Finanzmärkte: *If you don't make it, just fake it.* Doch damit ist heute Schluss. Wir leben nur noch mit *fake nostalgia* – und den Schuldenbergen. Es gibt kein Zurück. Die schlechten alten Zeiten sehen wir nicht wieder. Und das ist gut so.

Ob diesen inszenierten Welten ging das Gefühl für die Realitäten und der Sinn für das Machbare verloren. Das Argument der Wachstumstechnokraten »Aber wir haben es doch noch nie so gut gehabt wie heute!« zeugt von wenig historischem Verständnis. Nur eine Wirtschaft, nur eine Politik, in der die Menschen realistische Hoffnungen haben, die auch erfüllt werden können, kann nachhaltig funktionieren. Heute lügen sich Führungspersonen in die eigenen Taschen und produzieren Massenenttäuschungen und -wut. Oder Gleichgültigkeit. Und der Graben wird größer.

Analog zu den papierenen Illusionen und Blasenbildungen der Finanzmärkte müssen wir heute – dürfen wir heute – festhalten: Wir brauchen eine »Deleveraging« der Erwartungen – die Hebelwirkung funktioniert nicht mehr. Die Erwartungen müssen auf ein menschengerechtes Maß gebracht werden, denn nur so können permanente Enttäuschung, eine höhere Dosis an Disstress und Katastrophenstimmung in der westlichen Welt vermieden werden. Nur so kann die gesellschaftliche Realität davor bewahrt werden, ins Gegenteil zu kippen. Und das beginnt bei den Beziehungen und den Social Networks. Der Beziehungsaufbau ist ein Schlüssel. Selbst das Marketing hat heute gelernt, dass die bloße Technisierung und der eigene Vorteil keine Strategie sein können (siehe etwa Gary Vaynerchuk, *The Thank You Economy*). Wir sind, so die halbernste Feststellung von Pamela Haag, schon fast im »postromantischen Zeitalter« angelangt, in dem die »workhorse wives, royal children and undersexed spouses« zu dominieren drohen. Es ist eine *»Get Out of My Life But First Can You Drive Me and Cheryl to the Mall«*-Mentalität. Etwas weniger »semi-happy« oder lauwarm glücklich, etwas weniger »low-conflict« oder konfliktscheu, und dafür die Glückspotenziale heben. Was wäre eine Welt ohne Romantik und ohne menschliche Sehnsüchte?

2. Vom Ich zum Wir – Die Transformation von der Ich-AG zu gegenseitigen Support-Systemen

Wir lernen langsam, was es heißt, in einer immer vernetzteren Welt zu leben, in der die gegenseitigen Abhängigkeiten kontinuierlich zunehmen. Wir können uns nicht mehr entziehen. Wir sind alle Teil der gleichen Welt. Abhauen auf eine einsame Insel ist keine Option mehr, und sei es nur eine Steuerinsel. Wir müssen das Verhältnis zu uns selbst neu definieren. Das Ich existiert in der vernetzten Welt nur noch in Bezug auf ein Wir, und das Wir ist vorgelagert. Anders gesagt: In einer vernetzten Welt schlägt die Tat sozusagen unmittelbar auf den Täter zurück, wie es sinngemäß Peter Sloterdijk formulierte. Das gilt für den Egoismus von Nationen genauso wie für den Egoismus von Individuen oder Organisationen, die vergessen wollen, dass sie immer in einen Kontext eingebettet sind, *von* und *mit* dem sie zu leben haben – nicht *gegen* ihn. *Caring and sharing* (Wir und ich) gewinnt die Oberhand gegen *drilling and killing* (ich gegen die anderen). Im Mai 2000 prägte Peter Wippermann auf dem Deutschen Trendtag den Begriff »Ich-AG«; er passte in die narzisstische Zeit der New Economy hervorragend und beeinflusste in den folgenden Jahren auch die deutsche Politik. Im Age of Less ergibt er keinen Sinn mehr.

Doch die Verwirklichung setzt auch eine Perspektive voraus, in der alle Teilnehmer zu Gewinnern werden können. Während wir in der Vergangenheit steigende soziale Ungleichheiten *zwischen* den Nationen in Kauf nehmen mussten (oder auch wollten), so nehmen diese heute mit der Globalisierung tendenziell ab. Das wäre keine schlechte Nachricht. Jedoch steigen gleichzeitig die Ungleichheiten *innerhalb* der Nationen (siehe Glenn Firebaugh, *The New Geography of Global Income Inequality*). Eine forcierte Migration schafft hier kaum Linderung, sie verschiebt nur die Probleme. Wo wir früher eine schön geografisch sortierte und hierarchische Erste, Zweite und Dritte Welt hatten, entwickelte sich mit der Globalisierung eine entsprechende soziale Sortierung innerhalb der Nationen. Sobald die alte Erste Welt nicht mehr die Führung innehat und die Spielregeln bestimmen kann (wie seit 1975 im Herrenclub G6 beziehungsweise G7 beziehungsweise G8), die »Emerging Nations« dazukommen und langsam aufholen (vor allem die BRIC-Staaten) und schon die nächste Aufholrunde sich bemerkbar macht (die sogenannten »next 11«, zu denen Länder wie Mexiko, Vietnam oder Ägypten gehören), ergibt sich eine gänzlich neue Machtallokation. Gemäß den Daten des Internationalen Währungsfonds entfielen auf die entwickelten Nationen im Jahr 2000 rund 63 Prozent der globalen Produktion (BIP), 2010 ist dieser Anteil schon auf 53 Prozent abgesackt – also praktisch im freien Fall. Das zeigt schon, welche Revolution im Gange ist. Indexiert man die Entwicklung und setzt das jeweilige BIP des Jahres 2000 auf 100, so steht im Jahr 2010 die Euro-Zone bei 104, die USA bei 105, Brasilien bei 125, Indien bei 147 und China bei 169. Der reale Abstand mag noch hoch sein, doch wer aufholt, ist immer motivierter und macht damit Energien frei, die zu einer höheren Durchsetzungskraft führen.

Die immer noch vorhandenen alten Nationalstaaten des Westens wie Deutschland, Frankreich oder Japan sehen sich einer sich globalisierenden Wirtschaft gegenüber, die sie nicht mehr in alter Manier mitsteuern können. Neue Akteure treten auf und nehmen an Bedeutung zu, neben den Emerging Nations auch supranationale und parastaatliche Organisationen, Online-Aktivisten und Communitys, NGOs. Diese werden zwar niemals die gleiche Bedeutung wie die Nationalstaaten erlangen, aber sie bringen neue Themen und Konflikte ins Spiel. Befehlen kann man da gar nicht mehr, es geht primär darum, Konfliktpotenziale zu entschärfen und neue Gleichgewichte zu finden. Mehr Gleichgewicht, weniger Gefälle, sowohl zwischen als auch innerhalb der Nationen: Eine moderate Konvergenz scheint unvermeidlich. Und dazu können ergänzende, vermittelnde Netzwerkakteure wie die erwähnten einen wichtigen Beitrag leisten.

Innerhalb heißt dabei, dass es keine Abschottungen und Verfestigung von Verhältnissen und damit Ausgeschlossene geben sollte. Wenn in Deutschland gemäß Renate Köcher vom Institut für Demoskopie in Allensbach rund 20 Prozent der Bevölkerung Gefahr laufen, zu einer sich »verfestigenden Unterschicht« zu gehören und da stecken zu bleiben, ist das keine Perspektive. Durchlässigkeit zu schaffen ist unerlässlich. Wie öde und langweilig sich zum Beispiel Städte und Agglomerationen entwickeln, in denen strikt nach Einkommens- oder Vermögensklassen segmentierte und überwachte Wohnghettos *(gated communities)* entstehen, haben wir in den letzten Jahren erlebt. In den 1990er Jahren sprach man bei solchen Projekten noch von »Brazilification« oder »Südafrikanisierung«, doch diese Welle hat längst die reichen westlichen Nationen erreicht und ist dabei, sich hier zu etablieren.

Zwischen den Nationen sehen wir zurzeit das Schicksal Griechenlands innerhalb der Europäischen Gemeinschaft und der Europäischen Währungsunion als Testfall für die kommenden Jahre. Griechenland mag als klein und unbedeutend abgetan werden, wie das viele Politiker und Ökonomen gerne tun. Aber auch Lehman Brothers war im Verhältnis eine kleine Investmentbank und hat trotzdem die Weltwirtschaft an den Rand des Kollapses geführt. Wie wir mit dem kleinen Staat umgehen, zeigt auf, ob wir in der Lage sind, überhaupt noch Handlungsfähigkeit zu generieren. Es geht also nicht in erster Linie darum, einen Kahlschlag zu realisieren oder radikale Abbauprogramme zu initiieren (das haben wir im sogenannten Neoliberalismus zur Genüge und mit großem Misserfolg getan), sondern um eine neue Sichtweise, wie die Dinge in der vernetzten Welt funktionieren. Denn wir müssen gemeinsam lernen, Verantwortung zu tragen – wenn wir den Willen haben zu überleben. Abhauen können wir nicht mehr. Die Welt ist durchmessen und durchforstet. Sogar die Maps von Google sind zwar flexibel und rearrangierbar, aber nicht neu erfindbar. Der Erfolg des Ichs definiert sich über die erfolgreiche Beziehung zum Wir. Und das geht nur über Support-Systeme, die sich gegenseitig stützen und nicht den Kollaps des einen zum Gewinn des anderen machen.

3. Redesign als Reevaluation der Größe

»Mehr vom selben«, Extrapolation und Linearität weichen der asymptotischen Entwicklung. Das heißt: Wir können nicht mehr undifferenziert alles der Größe, dem Abstrakten und der Komplexitätssteigerung aussetzen. Die unkontrollierbaren Risiken sind viel zu groß. Niemand wird dafür die Verantwortung übernehmen können. Die vielen Studien zum Thema Größe zeigen nur eines auf: Es ist ein Mythos zu glauben, dass wir in der Lage sind, immer größere, abstraktere und komplexere Systeme zu führen, die zudem mit den neuen Technologien immer mehr voneinander abhängig werden.

Das sind die drei Faktoren: Größe, Abstraktheit und Komplexität. Schöne praktische Beispiele finden wir bei Michael H. Shuman, der die »Small-Mart«-Revolution ausgerufen hat. Das ist natürlich eine Anlehnung an Wal-Mart, den Übergiganten des Einzelhandels – ein Unternehmen mit bald 500 Milliarden Dollar Umsatz und gegen 2,5 Millionen Beschäftigten und damit eine beliebte Fallstudie. In solchen

Superstrukturen nehmen automatisch Konflikte zu, und der Handlungsspielraum wird enger. Das Thema Risikovermeidung wird omnipräsent, und die Papierbürokratie nimmt ihren Lauf. Und da kommen wir nicht mehr raus. Wenn wir ein Interesse daran haben, dass Menschen in Zukunft einen gewissen Entscheidungsspielraum haben und über gewisse Freiheiten verfügen, müssen wir vor allem eines: die Dimensionalität so reduzieren, dass wir überhaupt noch Gestaltungsräume behalten. Denn nur in kleineren Dimensionen sind wir noch in der Lage, Risiken einzugehen und damit auch Marktwirtschaft spielen zu lassen. Das Thema *Redesign* der Größe umfasst natürlich auch damit zusammenhängende Themen wie

- Rezyklieren (etwa von Unternehmensgewinnen: Wohin geht der Profit? Was verbleibt als Reinvestition in der Region?),
- Regenerieren (etwa von Energie),
- Restaurieren oder Reanimieren (etwa von Gemeinden, die sich entvölkert haben in den letzten Jahren und Jahrzehnten, aber noch über funktionierende Infrastrukturen verfügen und damit für viele Menschen mit bescheideneren Einkommensverhältnissen attraktive Wohnorte sind und so dem Sog der Urbanisierung und der Megacitys entgegenwirken können),
- Reformieren (etwa von politischen Parteien),
- Reformulieren (etwa die Zusammensetzung von Materialien bei Gebäuden oder Ingredienzen bei der Ernährung).

Statt also alles nur der scheinbar unvermeidlichen Größe, dem Preis, dem kurzfristigen Vorteil für wenige zu opfern, wird eine nachhaltigere Welt »von unten her« entstehen und getragen sein. Es gibt keine klugen Masterpläne top-down, und eine noch so brillante Megastrategie, die mit dem großen Pinsel (und viel Kapital) die Welt arrangieren will, wird scheitern. Nichts gegen Großorganisationen und Masterpläne per se, aber viel entscheidender für das Überleben ist der Aufbau von tragfähigen kommunalen Strukturen und die Mischung von unterschiedlichsten Organisationsformen. Tragfähige Support-Systeme entstehen durch die richtige Mischung, nicht durch exzessive Spezialisierung und Abhängigkeiten. Wir wissen, dass in den entwickelten Ländern 60 bis 80 Prozent der Jobs von den kleinen und mittleren Unternehmen geschaffen werden. Das ist der Humus. Dazu muss die Bereitschaft zu Freiwilligenarbeit, die Selbstverständlichkeit von Hausarbeit und Heimarbeit kommen. Ohne das wird es keine hohe Lebensqualität geben.

Gemäß Shuman hat der Fokus auf kleinere, überschaubare und führbare Strukturen die besten Überlebenschancen: sowohl als langfristiger Reichtumsgenerator, mit weniger destruktiven Abgängen und zu einseitigen Veränderungen in den Organisationen, als auch für höhere Arbeits- und Umweltstandards, weil die soziale Kontrolle höher ist als in anonymen, bürokratisierten Strukturen. Ebenso entstehen höhere ökonomische Multiplikatoren, denn ein lokal verantwortliches Management benützt lokale Lieferanten, wirbt lokal und reinvestiert die Profite zu einem hohen Grad wieder lokal, ohne sich globale Chancen in vernünftigem Maß entgehen zu lassen. Auch hier liegt wiederum der entscheidende Punkt darin, dass Macht, Geld und Überlebenschancen immer örtlich rückgebunden sind. Auch in einer virtuellen, vernetzten Welt. Wer immer nur davon ausgeht, kurzfristig globale Zeitvorteile ausnützen zu können und im rechten Moment wieder abzuhauen (»Ich bin dann mal weg«), wird nur Destruktivität und Unzufriedenheit zurücklassen.

Richard Florida stellt in *The Creative Class* völlig richtig fest, dass Nachbarschaft in der globalen Welt von zentraler

Bedeutung sein wird. Ein anonymes Aneinanderreihen von Systemen, Baukästen, segmentierten Stadtteilen verursacht viel zu hohe Opportunitätskosten. Eine vernetzte Welt, richtig verstanden, stärkt die lokalen Gegebenheiten und macht damit die Frage, wer mein Nachbar ist, zur zentralen Herausforderung. Interessanterweise stärken auch die erfolgreichsten Online-Anbieter im Bereich Social Media wie Facebook den lokalen Austausch und den lokalen Kontext. So wissen wir, dass der größte Teil der aktiv bewirtschafteten »Freunde« im Umkreis von wenigen Kilometern zu finden ist.

4. Überfluss und Mangel – Die Umkehr der bestehenden Verhältnisse

Mangel war immer eines der großen Themen in der Wirtschaft. Das wird so bleiben. Aber die Sichtweise ändert sich im Age of Less fundamental. Wir müssen vielmehr lernen, wie wir dank immer besserer Technologie zunächst einmal den Überfluss in den Griff bekommen. Denn eines haben wir in praktisch allen Bereichen nicht mehr: knappe Informationen. Zwar mag Transparenz nicht überall gleich schnell Einzug finden (siehe die GDI-Studie zu Beziehungen im Zeitalter der Transparenz). Aber die Grundvoraussetzung bleibt: Noch nie war der Zugang zu Informationen so einfach und so kostengünstig. Die Telekom-Branche ist ein schönes Beispiel. Wir haben heute überall günstige Informationen, können viel besser kommunizieren, und Wissen ist leichter zugänglich denn je. Mit viel weniger Aufwand kann heute eine erfolgreiche Dienstleistungsfirma aufgebaut werden.

■ Kapitalanforderungen sinken dramatisch, Infrastrukturen und Platzbedarf werden viel geringer, ja mobiler und flexibler im Umfeld von Cloud Computing.

- Produktionsmittel werden immer billiger. Es genügt, sich die Entwicklung der Leistungsstärke bei gleichzeitig sinkenden Preisen für Geräte aller Art anzuschauen. Zudem sind viele Backoffice-Funktionen, wie das Bestellen und Bearbeiten von mühsamen Formularen, häufig gratis als Dienstleistung im Download erhältlich.
- Informations- und Kommunikationskosten sind tendenziell »too cheap to meter«. Das Entscheidende sind auch hier wieder die Beziehungen und die Fähigkeit, die richtigen Menschen zu den richtigen Herausforderungen zusammenzuführen, also das soziale Kapital.
- »Peer Production« ohne Hierarchie und Markt ist leicht möglich, vielfach kann der Austausch sogar jenseits von Geldwährungen funktionieren. Ich kann Konten eröffnen, die mit virtuellen Währungen oder Zeitwährungen funktionieren. Babysitting kann lokal über Social Media organisiert werden mit gegenseitigen Zeitgutschriften, ohne dass Geld getauscht wird, ein privater Anbieter oder der Staat dazwischengeschaltet wird.
- Nähe wird neu definiert – wie Haushaltsmitglieder, Nachbarn, Freunde, Kollegen; neue Zugangsmuster entstehen (vielleicht eines der spannendsten Themen).
- Einstiegsbarrieren für Kooperationen sind so klein wie noch nie. Hier dürfte am meisten Widerstand von den etablierten Superstrukturen zu erwarten sein (Lobbyisten und Machtpolitik alter Schule).

Auch in der Hightech-Welt gibt es natürlich nicht nur, oder besser gesagt: nur wenige wirklich wertschöpfungsintensive Jobs. Aber da liegt auch gar nicht die Zukunft der Wertschöpfung – sie liegt in der mutigen und innovativen Nutzung von vielfach längst vorhandenen Online-Infrastrukturen, die auch die Offline-Infrastrukturen entlasten können. Menschen, die spannende und kreative Jobs ausführen, sind häufig gerade nicht extrinsisch motiviert und selbst in der Lage, ihr Leben zu bewältigen.

5. Von der Effizienz zur Resilienz – Robustheit als Basisstrategie in instabilen Zeiten

Wir sind im Zuge der Industrialisierung hervorragende Effizienzexperten geworden. Effiziente Produktion und Distribution ist ein Maßstab der Wirtschaftlichkeit. Vor allem kaufmännisch haben wir recht gut gelernt, mit Skaleneffekten professionell umzugehen: Das Verhältnis von Input und Output ist kontinuierlich verbessert worden. Das geht in den meisten Fällen auch gut und ist problemlos, meistens auch dann noch, wenn wir neben der Effizienz auch die Effektivität abwägen. Also wenn wir nicht nur fragen: »Tun wir die Dinge richtig?«, sondern zusätzlich »Tun wir die richtigen Dinge?«, um unsere Ziele zu erreichen. Aber es geht nur richtig gut, wenn man die Rechnung in einem Kontext mit einer oder maximal vielleicht zwei Milliarden Menschen aufmacht. Denn in einer großen weiten Welt mit viel Platz und Reserven ist Rücksichtnahme nicht nötig. Verschwendung, Übernutzung, Ausbeutung von Ressourcen können als normal abgehakt werden. So haben wir lange und mit hoher Selbstverständlichkeit gelebt. Was aber, wenn die Perspektive lautet: Aus einer Milliarde Herren werden bald einmal neun Milliarden Peers?

Eine sich langsam globalisierende Welt erfährt täglich: Was betriebswirtschaftlich richtig ist, ist volkswirtschaftlich nicht notwendigerweise auch richtig – und weltwirtschaftlich oder ökologisch auch nicht. Was effizient in einem System ist, trägt zur Instabilität und Ineffizienz in einem anderen System bei. Sobald wir die Verhältnisse vernetzt betrachten und genauer hinschauen, scheinen wir in Richtung eines Nullsummenspiels zu gehen. Wir hegen und pflegen unseren eigenen Garten und deponieren das Unkraut in Afrika. Wenn wir das so weitertrieben und in Richtung Extremophilie gingen (siehe dazu Kapitel 1), dann stünde uns als Steigerung eine *smart for one, dumb for all*-Welt bevor (so der Cornell-Ökonom Robert Frank). Wachstumstechnokraten werden solchen Einschätzungen vehement widersprechen, weil sie nur einige hochspezialisierte Ausschnitte der multiplen Realitäten wahrnehmen wollen. Diese Zeit ist aber abgelaufen.

Unbestreitbar ist, dass wir im Westen relativ unbedeutender werden. Das hat weitreichende Konsequenzen, vor denen wir uns heute noch gerne verschließen. Wo wird Handlungsbedarf bestehen? Wir sind im westlichen Wohlstand mit seinen linearen Entwicklungen massiv *overspent* (zu viel ausgegeben), *overconsumed* (zu viel Abfall, insbesondere aus Verpackungen), *overstored* (zu viel Ladenfläche), *overweight* (zu viele Übergewichtige und Fettleibige), und wenn wir die bescheidenen realen Produktivitätsfortschritte der letzten Jahrzehnte anschauen, sind wir im Verhältnis auch *overworked* (zu viel für die Katz) und *overstressed* (wozu die Aufregung?). Der *tipping point* ist überschritten. Wir haben die Entwicklungen nicht mehr im Griff – weder bei den Gesundheitskosten noch bei den Immigrationskosten, den Verschuldungen der Staaten, den Energiekosten (die Aufzählung ist nach Belieben fortzusetzen).

Was muss die westliche Welt tun, um im Age of Less bestehen zu können? Wird es genügen, wenn wir

Stufe 1, Nachhaltigkeit in allen Lebensbereichen von der Produktion bis zu den Privathaushalten umsetzen? Wir können mit sehr hoher Wahrscheinlichkeit davon ausgehen, dass Nachhaltigkeit – in welcher Form auch immer – ein Nadelöhr für die Zukunftsbewältigung bleiben wird. Nicht nur in der westlichen Welt. Oder müssen wir,

Stufe 2, einen Schritt tiefer gehen und Resilienz beziehungsweise Robustheit in Angriff nehmen? Das wäre das Eingeständnis, dass Nachhaltigkeit allein nicht genügt. Dass weitere Programme der Ressourcenschonung gebraucht werden. Nebst der Energie werden vor allem die Ernährungsthemen und die Landwirtschaft dabei immer vordringlicher. Oder ist schon

Stufe 3 erreicht, also die höchste Alarmstufe, wo nur noch radikale Orientierung an Subsistenz (weitgehend autonome Selbstversorgung) uns weiterhilft? Das wäre im Wesentlichen das Eingeständnis, dass die Globalisierung gescheitert ist.

Wären wir auf Stufe 3 angelangt, müssten wir unsere Lebensstile bis auf das Niveau der heutigen Entwicklungsländer absenken. Befänden wir uns auf Stufe 2, so müssten wir uns an unserem eigenen Lebensstil in der Zeit der ersten Ölkrise vor knapp 40 Jahren orientieren. Mit etwas Optimismus genügt aber die erste Stufe, also kontinuierliche, aber konsequente Weiterverfolgung der Nachhaltigkeitsstrategien von den Finanzmarkttiteln über die Automobilindustrie bis zur Solartechnologie.

Mit dem Gedanken an Resilienz sollten wir uns anfreunden – er stellt die strategische Herausforderung für die Zukunft dar. Im Moment sollte es allerdings ausreichen, wenn Nachhaltigkeit umfassend und in seinem Grundverständnis umgesetzt wird, also bei der Verantwortung für die kommenden Generationen beginnt: nur so viele Ressourcen zu verbrauchen, dass auch der nachfolgenden Generation ein gutes Leben aus eigener Kraft ermöglicht wird. Das schließt etwa die immer weitere Verschuldung aus. Oder die willkürliche Zerstörung der Umwelt.

Wer Kinder hat, hat auch rationale Gründe, eine lebenswerte Welt zu hinterlassen. Und wer keine hat, soll sich trotzdem anstrengen und seinen Egoismus überwinden. Die Herausforderung liegt darin, Nachhaltigkeit nicht zur *Nice to have*-Taktik für wohlmeinende Mittelschichtangehörige verkommen zu lassen und letztendlich im bloßen *greenwashing* zu enden.

6. If you can't beat – join. Koevolution statt Selbstüberschätzung

Die Banker haben erfahren müssen, dass es unter ihnen keine Masters of the Universe gibt. Wer das versucht, wird rasch zum Monster of the Universe. Wir leben in der modernen Welt mit einem sogenannten anthropozentrischen Weltbild. Die Menschen sind das Zentrum der Welt, das höchste Wesen, und wir machen uns die Erde untertan. Wir haben aber immer nur gelernt, uns *gegen* etwas aufzurichten: gegen andere Menschen, indem wir sie ausbeuten oder ignorieren. *Gegen* die Natur, indem wir sie ausbeuten oder zerstören. *Gegen* den inneren Schweinehund, wenn wir uns selbst überwinden sollten. Doch wer den Kampf gegen die Natur sucht, wird mit hundertprozentiger Sicherheit verlieren. Die Natur ist immer stärker – ob wir nun die äußere Natur oder unsere innere Natur meinen –, auch Spitzentechnologie ändert daran gar nichts. Fukushima, Hurrikan Katharina, die Tsunamis sind Tatsachen.

Es ist eine fatale und naive Vorstellung zu glauben, die »arme Natur« leide. Wir sind unbedeutend. Die Natur braucht uns nicht. Und das ist für uns Menschen eine große Kränkung, die wir nur schwer ertragen. Ich rate jedem als kleine Übung, nur zwei oder drei Tage auf Grönland zu verbringen (das genügt als Lerninput vollauf) und zuzuschauen, wie die Eisberge schmelzen. Wir haben ein Interesse daran, mit der Natur zu leben. Denn wir brauchen eine intakte Natur als Rohstoff genauso wie als romantische Inspiration.

Aber auch dazu braucht es einen vernünftigen und nicht einen rücksichtslosen Umgang. Wenn das nicht gelingt und wir weiter extrapolieren und linear fortfahren, verbleibt die Natur – die innere genauso wie die äußere – vor allem als eins: als Angstfaktor.

Um das zu verhindern, braucht es Koevolution. Wir haben so viele positive Möglichkeiten, die Evolution mitzusteuern. Auch mit Experimenten, bis hin zur Selbstverbesserung. Aber gleichzeitig steuert uns auch die Evolution. Wir sind Teil der Natur. Ein geozentrisches, holistisches Weltbild ist also eher angemessen als ein anthropozentrisches.

7. Dekonstruktion – Von den geschlossenen Kathedralen zum offenen Basar und den vernetzten Favelas

Von dem Science-Fiction-Schriftsteller Bruce Sterling stammt das schöne Bild, dass die Zeit der großen Kathedralen oder Schlösser noch in unseren Köpfen ist (als moderne Großorganisationen, die vor allem sich selbst feiern), diese aber verfallende Monumente geworden sind: Ruinen des Unhaltbaren, nicht Nachhaltigen. »Gotisches Hightech« nennt er das Aufeinanderprallen von Erhabenheit und Verfall (»Steve Jobs creates something brilliant, but you have to suffer from health problems« – schöner kann man es nicht sagen!). Kathedralen mögen ästhetisch verführerisch erscheinen, aber sie überzeugen immer weniger.

Die Architektur der neuen Systeme ist nicht mehr hoch und geschlossen, sondern weit und offen. Sie ähneln eher einem offenen Basar oder einer vernetzten Favela. Nicht schön, aber schnell und flexibel. Das Materielle wird bedeutungslos, dafür gibt es nur noch die unwiderstehliche Realität der Vernetzung in der virtuellen Welt: Etwas existiert, wenn es online erscheint und sich in seiner Unbestimmtheit und Offenheit weiterentwickeln kann. Wenn die Maschinen abgestellt sind, hört das Leben sozusagen auf.

Betroffen von dieser Dekonstruktion ist in erster Linie die Generation X, also die Geburtsjahrgänge von 1965 bis 1975. Sie stand bereit, um in den kommenden Jahren die Spitzenpositionen in den Kathedralen zu besetzen – und ist in keiner Weise darauf vorbereitet, sich im offenen Basar zu integrieren. Das ist dafür die Generation Y, auch Millennials oder Net Generation genannt (Jahrgänge von 1976 bis etwa 1995), die mit der Vernetzung groß geworden ist. Diese schwer fassbare Generation von *screenagers* (Douglas Rushkoff) weiß oder ahnt zumindest, dass sie nicht mehr kontrollieren kann wie früher, sie weiß aber sehr genau, dass sie nur noch über ein Tun, über Tätigkeit und Interaktivität, Feedback und Lust an der Kommunikation weiterexistieren wird. Das ist beziehungsweise wird die Ausgangslage für uns alle. Abwarten hilft nicht weiter.

Dass die alternden Babyboomer (Jahrgänge 1946 bis 1964), die über die nächsten 20 Jahre die politisch dominierende Kraft in den westlichen Nationen bleiben werden, langsam lernen, die neuen Tools anzuwenden, ist ein gutes Zeichen. Solange diese permanente »digitale Immigranten« sein wollen und sich auch sprachlich anpassen können, besteht Hoffnung, dass der radikale Wandel auch gelingen wird. Wohin wir gehen, ist (fast) völlig offen. Fortschritte im herkömmlichen Sinne gibt es nicht mehr, aber auch das Alte verliert seine Bedeutung sehr rasch, weil es nichts mehr im herkömmlichen Sinne zu bewahren gibt. Was bleibt, ist die Transition. Das Leben im Übergang, in der Schwebe. Ohne klar identifizierbare Richtung. Das gilt es auszuhalten.

8. Flexibler Ressourceneinsatz – Hybride Konzepte von den Autos bis zu den Computern

Es gibt keine großen Lösungen oder vorgefertigten Antworten mehr, nur noch ein flexibles und kreatives Handhaben von Herausforderungen. Ein wunderbares Beispiel bietet die Stadt Zürich. »Ich bin auch ein Tram«, so lautet der geniale Werbespruch auf der Bahn. Oder »Ich bin auch ein Schiff«, verkündet in großen Lettern der Linienbus. Was hier nach Kunst klingt, ist in der Tat Ausdruck einer benutzerfreundlichen Strategie der öffentlichen Zürcher Verkehrsmittel. Schon vor einigen Jahren hat der Zürcher Verkehrsverbund erkannt, dass es klug und effizient ist, wenn der Benutzer Bus, Straßenbahn, Eisenbahn und Schiff nahtlos – je nach seinen aktuellen individuellen Bedürfnissen – benutzen kann, ohne dabei ständig ein neues Ticket lösen zu müssen. Die verschiedenen Transportmittel sind also in einem überschaubaren Verbund zusammengefasst – nur Taxis, Mietwagen und Fahrräder fehlen noch.

»Fragmegation« kann man das Vorgehen auch nennen, denn es integriert auf einfache Weise ein Mobilitätsangebot, das sich immer mehr fragmentiert, unübersichtlich und aufwendig zu koordinieren wird. Damit reguliert sich nicht nur der Verkehr auf sinnvolle Art besser, es gibt auch Anreize, den privaten Verkehr durch und in die Stadt hinein zu entlasten. Das macht die Fußgänger glücklicher, nimmt den Stress des Parkplatzsuchens, erleichtert das Leben der Zulieferer und zwingt die örtlichen Händler, ihren Kunden attraktive neue Lieferservices zu bieten. So entstehen Lebensqualität und Innovationen. Fragmegation ist in der Tat ein zentrales Stichwort für die Zukunft. Joseph S. Nye hat das Wort für die politische Welt geprägt. Wir können es vielleicht besser *Hybridität* nennen, also das Zusammenführen von bislang getrennten und oftmals widersprüchlichen Ideen oder Konzepten zu einer Einheit. Solche Phänomene finden wir heute überall, und sie werden wichtiger.

So wird etwa der Generationenbegriff immer mehr fragmentiert und in zerstückelte Altersgruppen segmentiert, während bei genauerem Hinschauen die übergeordnete Dimension sich in Richtung »alterslos« bewegt. Es ist verpönt, die Menschen nach ihrem Alter anzusprechen. Niemand will als Senior wahrgenommen werden. Im Marketing etwa gehen wir daher auf eine Zeit des »Ageless Marketing« zu. Wie sprechen wir Menschen an, die sich gerade nicht mehr einer Altersgruppe zugehörig fühlen und auch nicht entsprechend angesprochen werden wollen?

Andere Beispiele sehen wir im Tourismus, etwa im alpinen Tourismus in Europa. Durch die Auswirkungen des Klimawandels entsteht ein neues Denken, das sich von saisonalen Zwängen zu lösen hat: Wir müssen lernen, »saisonlos« zu denken, und unsere Angebote so entwickeln, dass wir neue Kundengruppen bekommen. Denn die Vor- und die Nachsaison sind in der heutigen »hybriden« Gesellschaft mit ihren neuen Bedürfnissen ein Potenzial.

Aber auch »hybriden Geschäftsmodellen« gehört sicher die Zukunft, weil eine kluge Ergänzung zu bestehenden Kernkompetenzen mehr Spielraum und mehr Robustheit geben kann, um die Ertragslage zu stärken. Oder natürlich »hybride Autos«, die unterschiedliche Technologien kombinieren. Sie sind längst bekannt, auch wenn der Idee der Durchbruch zur Massenakzeptanz noch fehlt. »Hybride Software«, die auf verschiedenen Betriebssystemen läuft, ist heute unabdingbar. Der »hybride Konsument« ist längst ein Massenphänomen, und das Mischen von Discount, Eigenmarken und Premium oder Luxus beim Einkaufen und Bestellen fällt kaum mehr auf.

»Hybrides Kapital« hat in den letzten Monaten viel Diskussionsstoff gegeben bei den Banken und der Frage nach der angemessenen Eigenkapitalbasis. Contingent Convertible Bonds (sogenannte CoCo Bonds) scheiden dabei die Geister, also Anleihen, die sich im Krisenfall automatisch in Aktien verwandeln, um die Eigenkapitalbasis zu stärken, mit der eine Bank ihre Verluste absorbieren kann. Schließlich gibt es auch in der Politik hybride Organisationen, wie prominenterweise die EU, die bezüglich Souveränität ein Konstrukt darstellt, das weder eine internationale Organisation wie die UNO noch eine Föderation wie die USA ist.

Sicher scheint: Im Age of Less werden solche hybriden Konstrukte weiter im Vormarsch sein. Es hilft in vielen Fällen auch, Schnittstellen zu vereinfachen, überflüssige Spezialisierung zu vermeiden und damit Kosten zu senken und flexibler reagieren zu können auf Veränderungen.

9. Von soliden Werten zu liquiden Werten – Ohne Flexibilität und Mobilität kein Überleben in der globalen Ordnung

Der Ausdruck »liquide Moderne« stammt vom polnischen Sozialwissenschaftler Zygmunt Bauman, einem der bedeutendsten Zeitdiagnostiker. Wenn wir heute einen Analysten sagen hören, das sei eine »solide Firma«, dann verheißt das Langeweile, nicht gerade hohe Ertragserwartung, wenig Sexyness und eben Solidität. Wir haben in den letzten Jahrzehnten erlebt, was es heißt, in Schockschüben in eine »liquidifizierte Welt« hinüberzuwechseln. Der freiere und kaum mehr national oder regional zu stoppende Fluss von Informationen, Finanzströmen, Gütern, Menschen ist nicht mehr rückgängig zu machen. Das bringt Nachteile, hat aber auch Vorteile. Liquidität, Liquidifizieren, die Transformation von Solidität in Liquidität ist vermutlich sogar *das* Merkmal unserer Zeit. Nur wer liquide ist, ist glaubwürdig. Nur wer glaubwürdig ist, kriegt Kredit (lat. *credere*). Ich halte diese Entwicklung für – bis zu einem gewissen Maße – unausweichlich.

In dieser Welt werden wir darauf vorbereitet, dass ein neuer Disziplinierungsmechanismus dafür sorgt, dass potenziell *alles* liquidifiziert und handelbar gemacht wird: Firmen, ganze Branchen, Staaten, Firmenvermögen, Investmentvehikel, Abteilungen, Schulden, Talente, Mitarbeiter ... Das ist das Resultat der *Über*-Performance von Wall Street in den letzten 30 Jahren. Das bringt permanente (und auch gewollte) Unruhe und Unsicherheit in die Märkte, wie verschiedene spannende Untersuchungen von Wirtschaftsanthropologen wie Karen Ho *(Liquidated)* und Alexandra Ouroussoff *(Wall Street at War)* aufgezeigt haben. Man zerstört die Vergangenheit als sinnvolle oder nachvollziehbare Abfolge von Ereignissen und will die Zukunft kontrollieren. Und es muss vor allem schnell gehen. In der Extremvariante: Zu viele Fragen stellen, zu lange überlegen, das passt nicht mehr in der liquiden Welt.

Es scheint unausweichlich: Wenn sich die Konstellationen in der vernetzten Welt mit der Unzahl an Akteuren täglich und kaleidoskopisch ändern, werden Flexibilität und Mobilität zum Gebot der Stunde. Solidität allein reicht nicht aus. Schnelle Anpassung ist der Schlüssel. Soziale Formen und Institutionen müssen sich in viel kürzeren Zeiträumen arrangieren und regenerieren können und sind kaum mehr in der Lage, langfristige Strategien zu entwickeln und umzusetzen. Wir müssen uns also viel schneller an neue Umstände anpassen lernen – ständig werden neue Nischen entdeckt oder entwickelt und dann besetzt, bis die nächste Gelegenheit sich bietet. Das scheint der Preis des hohen Vernetzungsgrades zu sein, der durch die Digitalisierung erleichtert wird.

Das fördert zwar in erster Instanz den Individualismus und den Egoismus. Und die Herausbildung von Loyalitäten wird unwahrscheinlicher, wenn auch nicht unmöglich. Aber es entwickelt auch neue Formen des Umgangs miteinander – etwa den rücksichtsvolleren Stil. Denn wir sitzen im selben Boot, und dort wird es enger. Das zwingt uns positiv, gegenseitige Lernprozesse zu beschleunigen. Die Rückkehr von ganz alten Verhaltensmustern scheint nicht ausgeschlossen: Stammesverhalten, Familienbande, neue Mischformen von sehr engen und gleichzeitig sehr rigiden Formen der Verbundenheit. Denn in einer liquiden Welt voller schwacher Bindungen wächst der Bedarf nach verlässlichen, starken Bindungen.

10. »Reset« der Denkmodelle – Was können und wollen wir?

Der letzte Punkt knüpft an den ersten an. Wir werden den Menschen im Age of Less wieder mehr zumuten müssen, aber in eine andere Richtung. Wir haben die Anforderungen an die anderen (den Staat, die Produkte, die Unternehmen, die Führung, die Mitarbeiter, den Service) kontinuierlich nach oben geschraubt. Und gleichzeitig haben wir die Anforderungen *an uns selbst* kontinuierlich nach unten geschraubt. Das hat vor allem mit Verantwortung in den Netzwerken zu tun. Die Zeit läuft ab, in der wir jederzeit überall alles zu geringen Kosten auf dem Teller serviert bekommen, alles outsourcen, was uns momentan gerade nicht passt, überall unverständliche Blackboxes generieren, die zwar unserem Bedürfnis nach Komfort und Convenience entgegenkommen, aber dazu führen, dass wir die Verantwortung in anonyme und abstrakte Systeme abschieben können. Wir können es uns nicht mehr leisten – wenn wir Demokratie und Marktwirtschaft überlebensfähig machen wollen. Verantwortung kann man in einer vernetzten Welt der gegenseitigen Abhängigkeiten nicht ohne hohe Kosten outsourcen. Verantwortung beginnt bei Ihnen und bei mir.

Wir können heute feststellen: Die rasche Technisierung und Verwissenschaftlichung des Alltags hat auch das Menschenbild und unsere Vorstellung von Denken und Vernunft kontinuierlich und daher oft unbewusst verändert, mit enormen Folgen für Politik, Wirtschaft oder beispielhaft in der Gesundheit: In der Medizin etwa stellt sich aufgrund der horrenden Kosten immer dringender die Frage, wo und wann menschliches Leben beginnt und wo es endet. Was ergeben Therapien für einen Sinn, wenn sie pro Anwendungsfall eine Million Euro kosten? Was ist schützenswert? Was ist zumutbar? Wo sind die Grenzen?

Nur wenn uns klar ist, was Menschen in einer Welt bedeuten, in der es nicht mehr auf die eine Milliarde westliche Herren ankommt, sondern auf neun Milliarden globale Peers, können wir eine überlebensgerechte Antwort geben. Und diese Antwort bekommen wir weder von der Wissenschaft noch von der Technologie. Daher können wir fragen:

Sind wir – erstens – Wachstumssklaven, also Menschen, die um jeden Preis dem Zahlenwachstum zu dienen haben, das unter dem Strich nur neue Extreme und Instabilitäten schafft? Das ist die Welt der Extrapolationen und des »Mehr vom selben«.

Oder sind wir – zweitens – Accessoires der immer mächtiger werdenden Technologie, müssen also den Konflikt Mensch–Maschine aufnehmen, der noch weitaus raffinierter ist als der Konflikt Mensch–Mensch? Das ist die Welt, in der wir nicht mehr programmieren, sondern schon aus Sicherheitsgründen einfach nur noch von unseren Maschinen programmiert werden. In dieser Welt werden wir selbst Schritt für Schritt outgesourct, überflüssig, da zu fehleranfällig und mithin zu teuer.

Oder sind wir – drittens – hedonistische Tiere mit einem Verdauungsapparat und Reproduktionszwang, die Food und Sex optimieren? Das ist die Welt der vergnügten Konsumisten.

Oder sind wir – viertens – einfach nur biochemische Maschinen, reduziert auf die Überlebensfunktion?

Wir können wählen, was wir wollen, und das Age of Less wird in den kommenden Jahren die Weichen stellen. War der Mensch in der modernen Welt vom 16. bis ins 20. Jahrhundert in vermutlich übertriebener Weise ein Wesen mit Geist und Seele, hatte Verstand und Vernunft und machte sich auf rationale Weise die Welt untertan, so hat sich in den letzten Jahrzehnten eine krude Überzeichnung ins Gegenteil ergeben: die freiwillige Selbsterniedrigung und Banalisierung.

Der kleinste gemeinsame Nenner, auf den wir zusteuern, scheint zu sein: Menschen sind *physische Attraktion und chemische Reaktion*, so heißt es treffend im Song von Madonna. Neuromanie, Darwinitis und verschiedenste Formen biologischer Reduktionismen haben von der Wissenschaft in den Alltag des Sprachgebrauchs Einzug gefunden. Wenn heute ein junges Starmodel wie selbstverständlich erklärt, dass ihr Freund halt eben untreu sei, weil er als Mann seine Gene möglichst breit streuen müsse, zeigt das Beispiel wunderbar, was heute normal geworden ist. Raymond Tallis, Professor für geriatrische Medizin, hat in seinen Untersuchungen zu *Aping Mankind* die Entwicklung zu einem scheinbar nüchternen, radikal reduzierten und desillusionierten Menschenbild dargestellt.

Zwischen legitimem wissenschaftlich-technischem Antrieb, etwas verstehen zu wollen, und den praktisch-normativen Folgen, also dem, was das mit uns anstellt, öffnet sich der Graben. Dieser führt dazu, dass auch in der Alltagssprache nicht mehr viel Hoffnung auf ein autonomes, selbständig denkenden Wesen verbleibt: Menschen sind so, wie sie sind, und von Dominique Strauss-Kahn (das ideale Klischee für Feministinnen) über Silvio Berlusconi (der komische und tragische Clown) bis Arnold Schwarzenegger (der Comic) und Boris Becker (die Intelligenz bewegt sich unter der Gürtellinie) gibt es kaum Hoffnung.

Damit kann zu viel Unsinn entschuldigt und wegerklärt werden. Niemand mehr ist wirklich verantwortlich für das, was passiert. Als Alan Greenspan am 23. Oktober 2008 unter dem Eindruck der Finanzmarktkatastrophe vor dem Kongress auftrat, gestand er ein, nicht im Bild zu sein über das, was dort passiert. Aber eine Erklärung oder gar ein Eingeständnis von Fehlern sucht man vergebens. In der heutigen Distanz von einigen Jahren ist man wieder vollständig »back to normal«, verhält sich also wieder genauso arrogant und unbelehrbar wie zuvor.

Lionel Tiger, Professor für evolutionäre Anthropologie, glaubt sogar, in den Entwicklungen der modernen Technologie eine Art »Reprimatisierung« zu erkennen. Auch Schimpansen hätten Facebook erfunden, weil es die unstillbare Sehnsucht nach *dating* und *mating* auf globalem Level geradezu ideal erfüllen kann. Der rasend schnelle Niedergang der katholischen Kirche, einst eine Ordnungs- und Imaginationsmacht, und ihre Reduktion auf einen senilen Machtapparat mit sexuellen Verfehlungen geht in die gleiche Richtung. Bezüglich Wissen und Verantwortung sind die Menschen auf dem Weg in die »Antiquiertheit« (Günther Anders). Lohnt es sich wirklich, auf eine solche Welt hinzuarbeiten? Für wen? Ein IT-Manager würde wohl den Reset-Knopf drücken.

Wir können das nicht. Wer werden für uns selbst einen Ausweg finden müssen. Wenn die Menschen nicht in der

Lage sind, ihre eigene Stellung gegenüber den Dingen und die Wertschätzung untereinander zu definieren, werden wir tatsächlich auch nicht in der Lage sein, den potenziell gigantischen Segen der modernen Technologie vernünftig zu nutzen. Wenn wir aus Gleichgültigkeit moralisch anspruchslos werden, geben wir die Errungenschaften von Religion und Kunst, Ästhetik und Ethik und damit auch unsere schöpferische Willensstärke preis. Doch diese Banalisierung wäre gerade für die Wirtschaft fatal, die sich über Differenzierung zu einer angemessenen Wertschöpfung weiterentwickeln will. Wie will man qualitativ gute Produkte und Dienstleistungen verkaufen, wenn ethische und ästhetische Motive fehlen? Das Age of Less braucht alle Ressourcen, die die Kreativität und die Imaginationskraft entwickeln helfen.

1. WAS UNS BEVORSTEHT

Das Ende des Zahlenwachstums

»Economic growth has become the secular religion of advancing industrial societies.«

Daniel Bell, 1967

Der Stress nimmt zu: bei Unternehmen, Staaten, Organisationen aller Art. Stresstests gehören heute zum guten Ton, wie wir von den Finanzinstituten wissen. Aber vertrauensvolle Signale senden sie nicht gerade aus. Und eigentlich brauchen wir heute schon Stresstest-Stresstests: Wie robust ist der Stresstest tatsächlich, wenn es Stress gibt? Der europäische Bankenstresstest vom Sommer 2010 beispielsweise hätte da reichlich schlecht abgeschnitten: Kaum hatte er (fast) allen europäischen Banken bescheinigt, dass sie auch im Ernstfall keine Probleme haben würden, brachen einige von ihnen in genau diesem Ernstfall zusammen.

Stress – von der Natur als Hilfsmittel in Extremsituationen gedacht – hat sich im 20. Jahrhundert zur Zivilisationskrankheit schlechthin entwickelt. Unter ihr leiden Menschen, die sich ständig selbst in Extremsituationen versetzen (wie Manager), genauso wie Menschen, die von anderen in solche Situationen gepresst werden (wie Gemobbte). Körper und Geist macht die Dauerpower zu schaffen, bis sie schließlich nicht mehr können, und dann: Herzinfarkt, Burn-Out, Tinnitus, Exitus.

Dem 21. Jahrhundert blieb es vorbehalten, die bisherige Zivilisationskrankheit in eine Krankheit der Zivilisation zu verwandeln. Zum Dauerstress der sozialen Systeme und des Gesundheitswesens gesellte sich von Jahr zu Jahr schriller werdend der Ökostress des Klimawandels, im Energiesektor hören die Alarmglocken seit Fukushima gar nicht mehr auf zu schlagen – und im globalen Finanzsystem und im Währungsraum der Euro-Zone stand kurz vor Erscheinen des Buches nach jahrelanger Dauerkrise der Infarkt kurz bevor. Von Livetickern umzingelt, wissen wir schon gar nicht mehr, wie Ruhe sich anfühlen könnte: wir, die Menschen, wir, die Unternehmen, wir, die Staaten, in diesem »Age of Stress«.

Stress ist ein vielschichtiges Phänomen. Er hat in der Regel eine Vielzahl von Ursachen, eine Vielzahl von Symptomen und lässt sich auf vielfache Weise bekämpfen. Doch wenn der Patient nach einem »Warnschuss«, in der Regel ein Herzinfarkt, im Krankenhaus liegt, ist ihm intuitiv die für ihn richtige Diagnose und Therapie klar: Er hat sich bislang zu viel zugemutet (und er weiß genau, wovon). Und genau von diesem sollte er sich in Zukunft weniger zumuten. Gerade bei den Infarktpatienten gibt es viele, die nach der Herzattacke ihr Leben komplett umkrempeln und das Geschenk genießen, das noch zu können. Sie verabschieden sich von ihrem persönlichen »Age of Stress« – und starten glücklich in ihr ganz persönliches »Age of Less«.

Und was ist das, was wir als Zivilisation uns bislang zu viel zugemutet haben? Bei vielen Zivilisationskritikern heißt die Antwort schlicht »Wachstum«; bei mir etwas anders, nämlich »Zahlenwachstum«. Das, was wir gewöhnlich als Wirtschaftswachstum messen, die Zunahme des Bruttoinlandsprodukts (BIP), sagt nicht nur nichts darüber aus, ob es einer Gesellschaft und den Menschen in ihr besser oder schlechter geht, es ist auch Inbegriff des von uns selbst gebauten Hamsterrads: immer mehr, mehr, mehr – und immer mehr vom selben, nur ja kein Ausbrechen aus dem Rennen.

Obwohl wir das alles eigentlich seit vielen Jahren wissen, haben wir es bislang nicht geschafft, uns aus dem Hamsterkäfig zu befreien: Wir schieben emsig Jahr für Jahr neue Stäbe ins Rädchen. Jetzt werden wir es müssen. Denn für die westliche Welt steht aus verschiedenen Gründen in Zukunft das Wirtschaftswachstum nicht mehr als Leitplanke der gesellschaftlichen Entwicklung zur Verfügung.

Energie-, Ökologie- und Demografieprobleme, Schulden- und Vertrauenskrise, zu viel Marktsättigung und zu wenig Kaufkraft wirken zusammen, jeder für sich ein beherrschbarer Stressfaktor – aber alle zusammen, so wie derzeit, ein lebensgefährlicher Mix, von dem wir so schnell wie möglich Abschied nehmen müssen.

Und das ist auch gut so. Denn »mehr vom selben« ist keine lebenswerte Option für die Zukunft. Es ist eher Zeichen von Fantasielosigkeit, Zynismus oder bloßer Technokratie: Je weniger wir uns in der westlichen Welt darauf einlassen, desto besser für uns. Wachstumstechnokratie im klassischen Stil mag in den Emerging Nations bis zu einem gewissen Grad in Ordnung sein, wenn es nur darum geht, dass die Menschen sich ruhig verhalten – aber dort gehört es ja auch noch zu den Aufgaben des Staates, dass alle Menschen tatsächlich genügend zu essen bekommen.

Das ist bei uns schon längst nicht mehr das Problem. Wir haben schon viel zu viel Reichtum und Wohlstand miterleben können. »Mehr vom selben« bringt uns nicht nur nicht mehr weiter, es wird unführbar, unbezahlbar, unmachbar. Unser BIP-Doping, das Ankurbeln der Wirtschaft durch neue Staatsschulden, zeigt immer weniger Wirkung: 1966 gab es in den USA noch mehr als 90 Cent BIP-Zuwachs pro Dollar Schuldenzuwachs, im ersten Jahrzehnt des 21. Jahrhunderts waren es im Schnitt nur noch 20 Cent – wenn die Trendgerade noch ein paar Jahre weiter durchhält, haben im Jahr 2015 zusätzliche Staatsschulden überhaupt keinen Effekt mehr auf das Zahlenwachstum.

Abb. 1: Was ein zusätzlicher Dollar Staatsschulden in den USA an Wachstum bringt

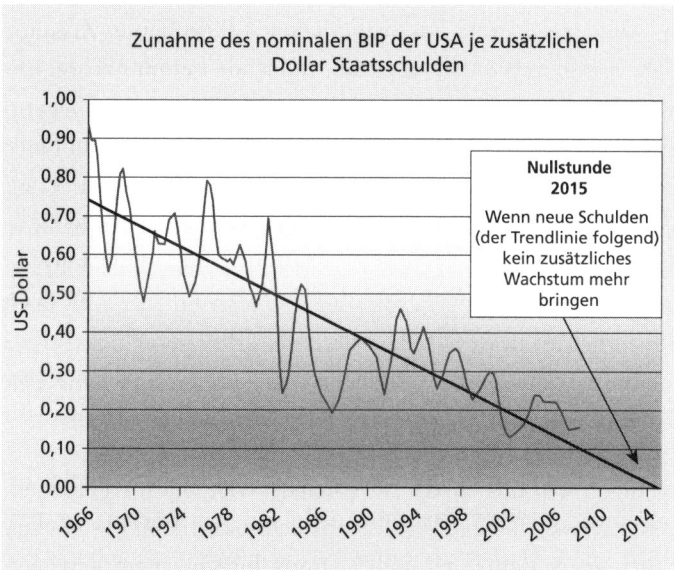

Zunahme des nominalen BIP der USA je zusätzlichen Dollar Staatsschulden

Nullstunde 2015

Wenn neue Schulden (der Trendlinie folgend) kein zusätzliches Wachstum mehr bringen

Quelle: Karl Denninger, 2009 (http://bit.ly/oKnh30)

Für uns in der westlichen Welt geht es darum, dass wir nicht »fit« sind für die Zukunft. Dabei heißt fit nicht vulgärdarwinistisch, dass sich der Stärkere oder der Größere durchsetzt. Sondern vielmehr, dass Anpassungsleistungen an veränderte Umweltbedingungen erbracht werden. Der Fokus des Age of Less liegt deshalb auf einer umfassenden Lebensqualität in der westlichen Welt, und das völlig unabhängig davon, ob damit irgendwelche Papierwerte in ökonomischen Statistiken geschaffen werden.

Die meisten Menschen interessieren sich nicht sehr für Zahlen – dafür umso mehr für Menschen. Es gibt eine einzige Berufsgruppe, bei der dieses Verhältnis genau umgekehrt ist: Ökonomen nämlich (nicht Mathematiker – deren Leidenschaft gilt den Formeln). Ihnen haben wir vertraut, von ihnen haben wir uns und unsere Wirtschaft prägen lassen. Der südkoreanische Ökonom Ha-Joon Chang, der seit 20 Jahren an der Universität Cambridge lehrt, hat in seinen Arbeiten sehr schön aufgezeigt, dass wir die Mainstream-Ökonomen viel zu wichtig nehmen (und diese sich selbst) – was eigentlich erstaunlich ist nach all den Krisen der letzten Jahre. Noch immer glauben wir an den »Markt«, die »Deregulierung« als die Heilsbringer des »gesunden«, unerlässlichen Wachstums. Noch immer glauben wir, dass »Wachstum« per se gut ist und wir uns sonst in große Krisen stürzen. Doch so hoch dosiert, wie wir das Medikament »Markt« geschluckt haben und auch noch weiter schlucken, handeln wir uns damit eine ganze Reihe von Risiken und Nebenwirkungen ein:

Mehr Unruhe und Nervosität: größere wirtschaftliche Instabilität, größere Volatilität nicht nur von Börsen, sondern auch von Konjunkturen und Vernachlässigung nachhaltigen Wachstums.

Mehr illusionäre Wertschöpfung: Als Wertschöpfungstreiber und Schrittmacher der Wirtschaft wird in erster Linie oder gar ausschließlich die Finanzwirtschaft gesehen – jene »Paper Entrepreneurs«, gegen die Robert B. Reich schon 1983 schoss, als sie gerade die ersten Jahre ihres drei Jahrzehnte fast ungebremsten Zahlenwachstums hinter sich hatten. Wenn im Krisenfall deren »Wertpapiere« nicht einmal mehr das Papier wert sind, auf dem sie schon längst nicht mehr gedruckt werden, werden die Risiken von den Bürgern getragen, nicht von den Verursachern. Unnötig zu erwähnen, dass die Anzahl der Krisen auf den Finanzmärkten in den letzten 30 Jahren markant zugenommen hat.

Mehr »Laisser-faire«: Was nicht ausdrücklich verboten ist und unter Androhung von harter Strafe nicht getan werden soll, ist erlaubt. Theoretisch kann solche Abwesenheit staatlicher Regeln zur Herausbildung eigener ethischer Richtlinien und zu selbstregulierenden Systemen führen. Praktisch ergab sich das Gegenteil: Heute haben wir in den USA, und nicht nur dort, die Quittung für Laisser-faire und Verantwortungslosigkeit. Der persönliche Profit wird ohne Rücksicht auf Verluste (der anderen und der Gesellschaft) maximiert. Heerscharen von hochspezialisierten Juristen haben nichts anderes getan, als mit größter Spitzfindigkeit Gesetzeslücken ausfindig zu machen – und damit die überlebenswichtigen moralischen Standards missachtet und den gesunden Menschenverstand verachtend links liegen gelassen. In der Finanzwirtschaft sind ähnliche oligarchische Strukturen wie etwa in Russland oder in Indonesien anzutreffen, wie der MIT-Professor und ehemalige IWF-Chefökonom Simon Johnson aufgezeigt hat. Ich werde es nicht vergessen: Mir hat einmal ein Investmentbanker in New York nach einem Vortrag gesagt: »If you're such a smart ass, why don't you make much more money?«

Mehr unbeabsichtigte Kosten und Nebenfolgen: Die soziale Ungleichheit innerhalb von Nationen wächst und damit die Unzufriedenheit großer Teile der Gesellschaft mit Staat und Regierung. Selbstverständlich wissen wir heute, dass soziale Ungleichheit bis zu einem gewissen Maß gut ist für die Agilität einer Wirtschaft und der Gesellschaft. Aber es gibt Grenzen, wie der polnische Sozialwissenschaftler Zygmunt Bauman in seinen Untersuchungen über Kollateralschäden aufgezeigt hat. Das Vertrauen in starke, für das Funktionieren einer liberalen Demokratie unerlässliche Institutionen wird auf diese Weise unterminiert. Delegitimation von Institutionen, die über Jahrzehnte aufgebaut wurden und gut funktionieren, ist mit den allerhöchsten Kosten für eine Gesellschaft verbunden. Wer diese Entwicklung nonchalant akzeptiert, zeigt wenig Sinn für Geschichte: Schnell sind wir wieder in autoritärem oder gar totalitärem Kontext gefangen.

Nach Chang braucht eine erfolgreiche Wirtschaftspolitik nicht unbedingt die zweifelhafte Weisheit der fachlich eigentlich zuständigen Ökonomen. Erfolgreiche Nationen der letzten Jahrzehnte, zu denen vor allem die asiatischen Newcomer zählen, haben ihre Wirtschaft gerade nicht den Ökonomen überlassen: Japan, zum Teil auch Südkorea, bevorzugten Juristen, in Taiwan oder China gelangten Ingenieure oder Naturwissenschaftler an die wirtschaftspolitischen Spitzenpositionen – also Menschen, die nicht so sehr einer Ideologie verpflichtet sind als vielmehr einem Land. Und von den 1950er bis in die 1990er Jahre erlebten diese Länder ein Wachstum des Pro-Kopf-Einkommens von 6 bis 7 Prozent – bis auf den Nachzügler China natürlich. Das kam erst nach, als es sich mit Beginn der 1980er und Deng Xiaopings Reformen von seinen Ideologen trennte. Praktische Intelligenz statt hochspezialisierter Ökonomen erwies sich in Ostasien als erfolgreich. Viele Staaten Südamerikas hingegen vertrauten in dieser Zeit auf Spezialistenwissen, das sich an Modellen orientiert und nicht an praktischen Herausforderungen der jeweils spezifischen Situation in den einzelnen Ländern – und fiel im Kontinentvergleich weit zurück.

Auch der westliche Kapitalismus hatte sein goldenes Zeitalter: die Zeit nach dem Zweiten Weltkrieg bis in die 1970er Jahre. Während dieser Epoche lag das Wachstum des Pro-Kopf-Einkommens in etwa bei 3,5 bis 4 Prozent pro Jahr – also so hoch, dass keine Probleme auftauchen, die nicht lösbar scheinen. In den vorangegangenen eineinhalb Jahrhunderten seit Beginn der industriellen Revolution lag das Wachstum des Pro-Kopf-Einkommens in Europa und den USA zumeist bei weit bescheideneren 1 bis 1,5 Prozent pro Jahr, und auch das war schon sehr viel im Vergleich zu den vorange-gangenen Jahrhunderten. Aber prägend für unsere Vorstel-lung waren natürlich die Jahrzehnte des Superwachstums. Das bis in alle Ewigkeit fortzusetzen sah die Ökonomen-zunft als ihre Aufgabe an, der in der Spätphase des Booms Anfang der 1970er Jahre erstmals die wirtschaftspolitische Verantwortung übertragen wurde. Dass direkt danach der Wachstumstrend brach, führen sie meist auf die Ölkrise von 1972/1973 zurück – allein schon, um sich nicht eingestehen zu müssen, dass sie von Beginn an in ihrer Rolle versagten.

Seither sind fast 40 Jahre vergangen, in denen sie (und wir) unser System von Quantität auf Qualität hätten umstel-len können und müssen; von Zahlenwachstum auf Zufrie-denheit; von Gier auf Glück; von Stress auf Less. Stattdes-sen haben wir uns für fast 40 Jahre für mehr vom selben entschieden. »Den Sozialismus in seinem Lauf halten weder Ochs noch Esel auf«, sagte Erich Honecker 1989 kurz vor dem 40. Geburtstag der von ihm regierten DDR – doch schon vor ihrem 41. Geburtstag hörte die DDR schlicht auf zu existieren.

Wenn ideologisch begründete Systeme – was immer auch passiert – an ihren fixen Ideen festhalten, entfernen sich ihre Aktionen zwangsläufig immer weiter von dem, was in der real existierenden Welt notwendig wäre. Damit steigen die Zahl und die Stärke der Krisen, und es sinkt die Kapazität, diese Krisen zu bewältigen. Zudem entfremden sich solche Systeme immer mehr von den Menschen, die sich in ihnen bewegen – und für deren Wohlbefinden sie doch eigentlich installiert wurden.

Eine solche Entfremdung können wir seit einigen Jahren im »Consumer Value Monitor« beobachten, den das GDI Gott-lieb Duttweiler Institute in Zusammenarbeit mit der Bremer

Nextpractice GmbH ermittelt. Wir leben mit den alten Denkmustern, aber mit immer größeren Enttäuschungen. Realität und Sehnsucht klaffen immer weiter auseinander.

Abb. 2: Zentrale Ernährungswerte im 3-D-Raum: Die Sehnsucht der Konsumenten bringt Potenziale

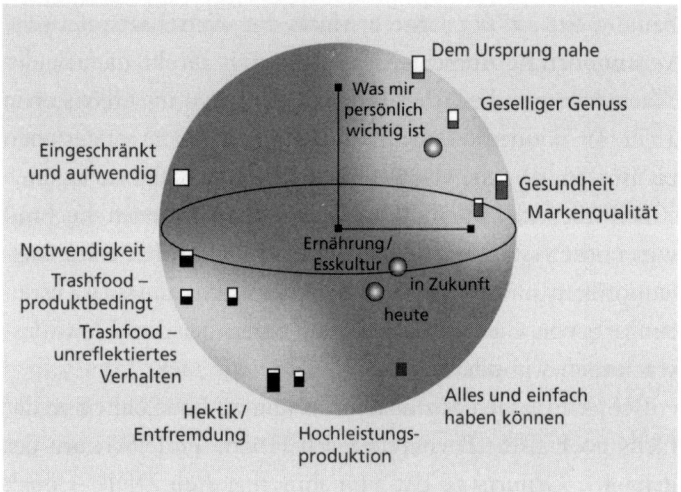

Quelle: GDI/Nextpractice: Consumer Value Monitor 2009/2010

Wir können beispielhaft im Ernährungsbereich sehr gut nachweisen, dass Menschen in Zwangssituationen bereit sind, »mehr vom selben« zu akzeptieren, obwohl sie genau ahnen, dass ihnen das nicht guttut: immer mehr Junkfood, immer mehr Convenience-Food, immer mehr Fast Food, immer mehr Car-Food, immer mehr Snacking – in Maßen und in Abständen eingenommen ist das völlig okay und unbedenklich. Ich wäre der Letzte, der einen Big Mac oder einen Whopper verschmähen würde. Oder eine Tafel Schokolade im Auto. Aber ohne Korrektiv und im kontinuierlichen Übermaß zugeführt, desensibilisieren wir uns für unseren Körper, unseren Geschmack und die Lust an der Ernährung.

Nach unserer GDI-Einschätzung ist es für Konsumenten möglich, einen gewissen Gap oder Graben zwischen Erwartungshaltung und erlebter Realität auszuhalten. Aber sobald der Graben zu groß wird, rebelliert der Kopf oder der Verstand, der Körper oder der Bauch, die Seele oder das Genussempfinden oder gar alle zusammen. Genau da stehen wir heute. Mit immer größeren Marketing Anstrengungen gaukeln wir den Konsumenten Ursprungsnähe, Kuhfladenromantik und Bergmilch vor, obwohl die Kuh nie in ihrem Leben auch nur mit dem Fernrohr eine Alp gesehen hat. Die Realität ist vielmehr der Albtraum, weshalb die Sehnsucht nach Romantik steigt. Weil kalorienzählende Lebensmitteltechnologen oder psychologisierende Ernährungsberater unser Lustempfinden kolonialisieren, ist es kein Zufall, dass der ernährungsbezogene Krankheitsbereich einen der am schnellsten wachsenden überhaupt darstellt.

Die Sehnsucht nach dem Ursprung zu erfüllen, ohne dafür zurück in die Barbarei zu fallen; den Teufelskreisen des Zahlenwachstums zu entkommen, ohne dabei zu verarmen; Reichtum und Glück ohne Risiken und Nebenwirkungen – das sind die Herausforderungen, vor denen wir an der Schwelle zum Age of Less stehen.

Die meisten Kritiker der Wachstumsideologie empfehlen uns seit eben jenen 40 Jahren den Verzicht als Rezept für eine nachhaltig lebenswerte Zukunft. Der Erfolg war bislang nicht gerade durchschlagend – was die Verzichtspropheten entweder auf die Schwäche der Menschen schieben, ihre Trägheit, ihre Inkonsequenz, ihr Verdrängen und Vergessen, oder auf die Perfidie des Systems: Es verharmlost seine Katastrophen von heute, es verdrängt seine Katastrophen von morgen, es ködert die Menschen mit Werbung und stellt sie mit Konsum ruhig. Aber tatsächlich steckt das Problem im Rezept selbst: Der Verzichtsansatz bleibt nämlich im gleichen Denkmodus verhaftet wie das Wachstumsdogma – nur eben mit umgekehrten Vorzeichen. Er bleibt im quantitativen Denken stecken, nur dass er weniger Quantität als Ziel vorgibt, nicht mehr Quantität. Und er bleibt eine Ideologie, wo praktisches Handeln angebracht wäre. Damit ist er in etwa so attraktiv wie jene Geißler, die im Mittelalter durch Europa zogen: Sie lehrten – und praktizierten –, dass man zur Erleuchtung über den eigenen Schmerz komme, und hinterließen nicht viel mehr als einen Schauder.

Auf den Wegweisern, die ins Age of Less führen, steht nicht »Verzicht«. Sondern »Vernunft«, »Vernetzung« und »Verführung«. Lassen Sie sich überraschen.

Xiaokang oder Vom exponentiellen zum asymptotischen Denken

Exponentiell können wir nicht so gut. Wir Menschen nicht, und die Natur auch nicht. Die alte indische Geschichte mit den Reiskörnern auf dem Schachbrett verblüfft auch nach Jahrtausenden noch jeden, der sie das erste Mal hört. Genauso wie jenen König, der es sich als Kleinigkeit dachte, den Wunsch seines Beraters zu erfüllen, auf jedem Feld des Schachbretts doppelt so viele Reiskörner zu platzieren wie auf dem vorherigen. Auf dem ersten Feld eines, auf dem letzten der ersten Reihe genau 128 Körner, aber auf dem 64. und letzten Feld angekommen, hätten es genau 9 Trillionen 223 Billiarden 372 Billionen 36 Milliarden 854 Millionen 775 Tausend und 808 Reiskörner sein müssen. Ein ganz normaler exponentieller Wachstumsprozess, aber einer, der früher oder später im Absurden, Unmöglichen endet.

Die Natur ist zwar voller exponentieller Wachstumsprozesse – aber die meisten davon dauern nicht lange. Das Wachstum einer befruchteten Eizelle im Mutterleib beginnt mit der gleichen Teilungsrate wie die Reiskorn-Geschichte, aber schon bald wandelt das Wachstum seine Gestalt – statt eines immer größeren amorphen Zellenbreis entstehen Strukturen, Spezialisierungen, Organe, ein Embryo. Ein Mäusepärchen kann ohne Feinde und mit genügend Platz und Futter eine exponentiell wachsende Familie hervorbringen – aber wo sind solche Bedingungen in der Natur schon gegeben? Einige Bakterienarten sowie Krebszellen neigen dazu, sich ungehemmt im Körper auszubreiten – und stoßen spätestens dann an ihre Grenze, wenn ihr Wirt von dieser Vermehrung getötet wird.

Was immer exponentiell wachsen möchte, kommt irgendwann nicht mehr weiter.

Es gibt grundsätzlich drei Möglichkeiten, wie es dann weitergeht, wenn es so nicht mehr weitergeht.

- nach unten: So schnell, wie etwas gewachsen ist, so schnell schrumpft oder vergeht es auch wieder. Das gilt für Krebszellen nach dem Tod ihres Opfers genauso wie für die Kurse von Internetaktien nach dem Platzen der Dotcom-Blase des Jahres 2000.

- geradeaus weiter: Es wird ein Gleichgewichtswert erreicht, um den herum man pendelt, oder ein Schwellenwert, dem man sich annähert. Das gilt für Mäusepopulationen in natürlicher Umgebung genauso wie für die Preise von Apartments in Manhattan.

- ganz woandershin: so wie beim Embryo, wenn er im Mutterleib an die Grenzen des Wachstums gestoßen ist – und nach der Geburt eine völlig andere Weiterentwicklung erlebt.

Bei einem der für uns wichtigsten Wachstumsprozesse – dem Bevölkerungswachstum – lassen sich die verschiedenen Entwicklungswege auch gut grafisch zeigen. Über Jahrtausende stieg die Weltbevölkerung nur langsam und mit starken Schwankungen an: Starken Wachstumsphasen (etwa im 5. Jahrhundert vor und im 13. Jahrhundert nach Christus) folgten heftige Einbrüche (durch Kriege oder Seuchen wie die Pest im 14. Jahrhundert), die wiederum in Friedenszeiten danach meist schnell wieder ausgeglichen wurden. Insgesamt ging es aufwärts, aber langsam: Um die Zeitenwende lebten 170 Millionen Menschen auf der Welt, bis zur Verdoppelung dieser Anzahl dauerte es knapp zwölf Jahrhunderte. Für die nächste Verdoppelung auf knapp 700 Millionen brauchte die Menschheit noch etwa 550 Jahre – doch danach schlug das exponentielle Wachstum zu.

Seit Beginn der industriellen Revolution ist die Wachstumsrate nicht mehr unter 0,5 Prozent pro Jahr gefallen, in der Spitze erreichte sie mehr als jährlich 2,5 Prozent. Technischer und medizinischer Fortschritt erhöhen die Lebenserwartung und die Flächenproduktivität: Immer mehr Menschen können auf immer weniger Raum ernährt werden. Die nächste Verdoppelung der Weltbevölkerungszahl war nach etwa 150 Jahren erreicht (von 1720 bis 1870), die nächste nach 85 Jahren und die bislang letzte nach 40 Jahren. Das Ergebnis war eine jener durch die Decke gehenden Kurven, bei denen man auf den ersten Blick sieht, dass sie so nicht mehr lange weitergehen können.

Abb. 3: Weltbevölkerung – Entwicklung bis zum Jahr 2000

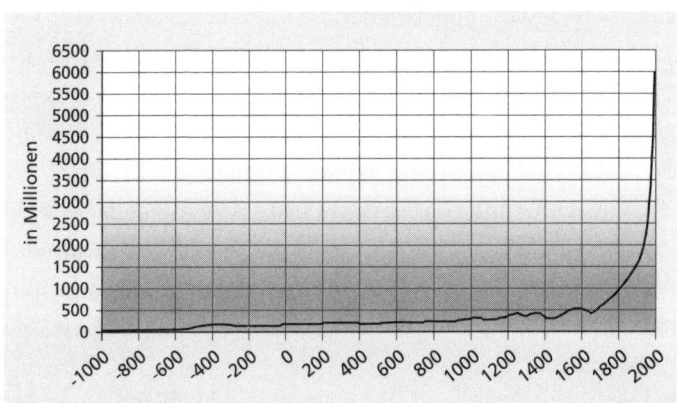

Quelle: US Census Bureau

Schon vor zwei Jahrhunderten prophezeite Robert Malthus, dass die Bevölkerungsexplosion in eine Katastrophe münden werde: Die Zahl der Menschen steige exponentiell, das Nahrungsangebot nur linear, damit öffne sich zwischen bei-

49

den Werten ein immer weiterer Graben. Im Malthus'schen Sinne äußern sich seither die meisten Wachstumskritiker, allen voran Dennis Meadows, der 1972 in *Die Grenzen des Wachstums* der Menschheit eine ganze Reihe von Wachstumskatastrophen vorausberechnete.

Aber zumindest bei der Weltbevölkerung ging das exponentielle Wachstum ja gerade nicht so weiter. Die Wachstumsrate ist deutlich gesunken, insbesondere dadurch, dass die Geburtenzahlen rapide zurückgegangen sind. Die eben noch so exponentielle Kurve hat einen Wendepunkt erreicht. Wenn alles gut geht, wird sich die Weltbevölkerung asymptotisch einer Grenze von etwa neun bis zehn Milliarden Menschen annähern und dann um diesen Wert pendeln. Die »Verdopplungszeit«, die gerade eben noch bis auf 40 Jahre gesunken war, würde dann bis ins Unendliche steigen. Die Bevölkerungsexplosion findet nicht statt, die Wachstumskatastrophe wird abgewendet.

Im Nachhinein sind wir immer klüger. Aber es ist in der Tat nicht einfach, wenn man sich mitten in einer Phase exponentiellen Wachstums befindet, sich den Übergang in eine asymptotische Bewegung vorstellen zu können. Einer der wichtigsten Gründe dafür, dass es zu solchen Wendepunkten kommt, sind die vier unterschiedlichen Wandlungsgeschwindigkeiten, mit denen wir es in unserer Gesellschaft zu tun haben:

■ Die Technologie und der **technologische Wandel** werden wie ein Düsenjet erlebt, der mit Überschallgeschwindigkeit fliegt. Bester Beleg hierfür ist das Moore'sche Gesetz, wonach sich die Komplexität von Mikroprozessoren etwa alle 18 bis 24 Monate verdoppelt. Das Gesetz wurde erstmals 1965 formuliert und hat bis heute praktisch unverändert Gültigkeit.

Abb. 4: Weltbevölkerung – Entwicklung 1950 bis 2050

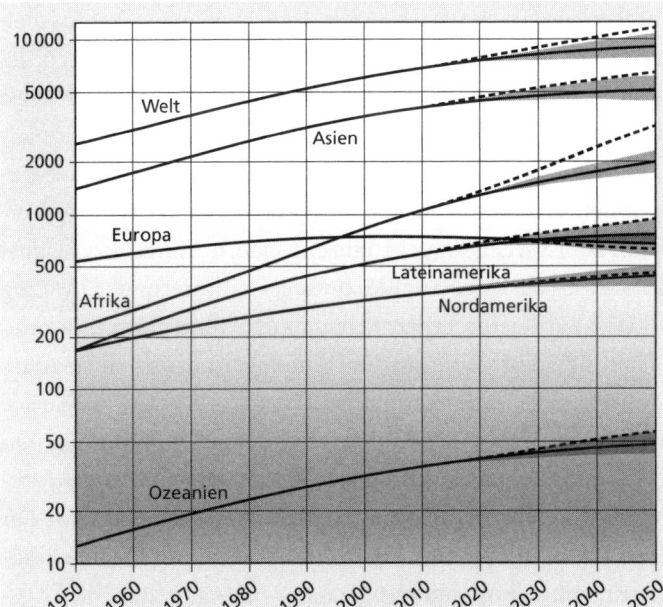

Durchgezogene Linien: mittlere Entwicklungsvariante; gefärbte
Bereiche: niedrige bis hohe Entwicklungsvariante; gestrichelte Linien:
Variante mit konstanter Zeugungsrate

Quelle: Vereinte Nationen, Schätzung von 2007

- Die Geschäftsmodelle, die wir dazu entwickeln, und damit
  der **ökonomische Wandel,** bewegen sich schon viel langsamer: vielleicht im Porsche-Tempo. In der Tat kann man
  sich über die Angemessenheit der Geschäftsmodelle von
  Twitter oder Facebook lange unterhalten – und das passende soziale Netzwerk für die mobile Online-Welt der
  Smartphone-Ära ist bislang auch noch nicht aufgetaucht.
  Es braucht Zeit, bis die Ökonomie die Technologie ein-
  holt und bis sich die Illusionen und die Realitäten über-
  lappen. Analoges haben wir schon Ende der 1990er Jahre
  vor dem Platzen der Dotcom-Blase erlebt.

- **Der gesellschaftliche Wandel,** die Art, wie wir uns als Menschen organisieren, wie wir Informationen austauschen und kommunizieren, privat wie in den Unternehmen, ist daran gemessen höchstens im Fahrradtempo unterwegs. Bis neue Technologien und Tools sich aus dem Pionier- in den Massenmarkt bewegen, bis sie auch ältere Generationen, ärmere Schichten und abgelegenere Regionen erreichen, vergehen nicht Jahre, sondern Jahrzehnte. Dabei kann es zu bizarren Begegnungen kommen wie Anfang 2011 auf Kairos Tahrir-Platz, als eine über Twitter organisierte Protestbewegung von Anhängern des alten Regimes auf Kamelen attackiert wurde.

- **Der politische Wandel,** die Anpassung von Politik und Gesetzgebung, ist dagegen eher im Schneckentempo unterwegs. So wurde in Deutschland erst im Jahr 1994 der »Schwulenparagraph« 175 aus dem Strafgesetzbuch gestrichen, der männliche Homosexualität unter Strafe gestellt hatte. Und in der Schweiz wird der gesamte ausufernde Telekommunikationsmarkt, von Roaming-Tarifen über das digitale Fernsehen bis zum Internet, über ein Gesetz geregelt, das immer noch »Fernmeldegesetz« heißt und immer erst dann geändert wird, wenn die neu auftretenden »Unzulänglichkeiten« schwerer ins Gewicht fallen als die »Rechtssicherheit« des Status quo.

Es gibt also gleichzeitig unterschiedlichste Geschwindigkeiten, die nicht aufeinander abgestimmt sind. Übereinander- beziehungsweise hintereinandergelegt können sie, wie hier das demografische Beispiel zeigt, zu einer Abfolge von exponentieller und asymptotischer Bewegung führen: Der technische Fortschritt, insbesondere in der Medizin, erhöhte die Chancen von Neugeborenen, das Erwachsenenalter zu erleben, drastisch. Die Erkenntnis, dass Eltern dadurch nicht mehr acht, sondern nur noch zwei Kinder brauchen, um im Alter versorgt zu sein, setzt sich aber erst nach mehreren Generationen durch – der gesellschaftliche Wandel dauert wesentlich länger, als es das Tempo des technologischen Wandels nahelegen würde. Inzwischen bemerken wir das Gleiche bereits wieder in der Gegenrichtung: Die westlichen Sozialsysteme haben (individuell richtig, gesellschaftlich falsch) den Eindruck erweckt, als bräuchte man gar keine Kinder mehr, um im Alter versorgt zu sein – und jetzt wird es wieder einige Generationen dauern, bis sich die Geburtenzahl auf einen Wert von etwa zwei Kindern pro Frau nach oben bewegen wird.

Eine ähnliche asymptotische Bewegung, wie wir sie im Bereich der Demografie erreicht haben, müssen wir auch für die Ökonomie erreichen: ein Einpendeln auf ein dauerhaft und nachhaltig verträgliches Maß – individuell, national und global. Der typische Weg, auf dem ökonomische Wachstumsprozesse sich derart einpendeln, ist die Sättigung, wie sie regelmäßig bei der Versorgung mit gehobenen Konsumgütern eintritt. Einer Phase rascher Steigerung (dem Durchbruch für die jeweilige Technologie) folgt eine Phase deutlich langsameren Wachstums, bei der sich die Versorgung einem Schwellenwert annähert: ein Staubsauger pro Haushalt beispielsweise oder ein Handy pro Person. Abbildung 5 zeigt diesen Übergang vom exponentiellen Wachstum zur asymptotischen Sättigung für den Anteil der Internetnutzer an der Gesamtbevölkerung in Deutschland, Österreich und der Schweiz. Beim Anteil der Internetnutzer an der Weltbevölkerung ist hingegen noch keine Sättigung in Sicht – hier nimmt die Nutzerzahl von niedrigerem Niveau aus noch exponentiell zu.

Solche Sättigungsprozesse gibt es bei den meisten Konsumgütern, aber sie setzen erst reichlich spät ein. Denn die Menschen scheinen sich heute in der westlichen Welt (und bald

Abb. 5: Entwicklung des Anteils der Internetnutzer von 1995 bis 2009

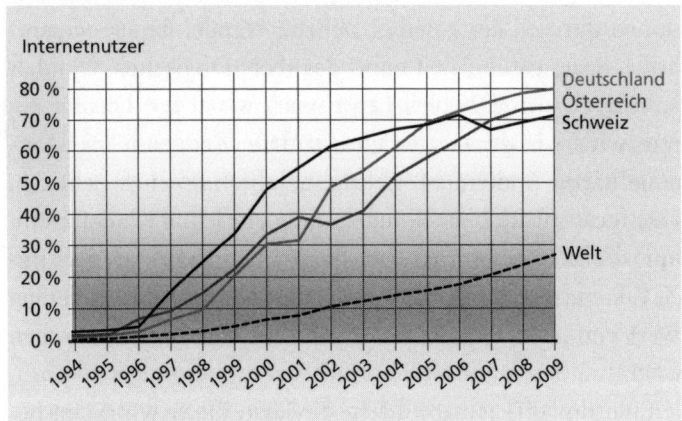

Internetnutzer

Deutschland
Österreich
Schweiz

Welt

Quelle: Weltbank

auch im Rest der Welt) zuerst als Konsumenten wahrzunehmen: Konsument vor Bürger, Konsument vor Produzent. Oder noch stärker: Konsumenten sind in der westlichen Welt längst Shopper. Sie kaufen nicht mehr ein, um Bedürfnisse zu befriedigen. Sie gehen shoppen, um Anregungen zu bekommen, wer sie sind und was sie kaufen könnten. Sie haben nicht mehr Bedürfnisse, die befriedigt werden müssen, sie haben Wünsche, die endlos geködert werden wollen. Sie sind also Konsumenten »zweiter Ordnung«. Und das funktioniert überall sehr gut. Wir lieben die Dinge. Wir lieben unsere Produkte – manchmal mehr als die Menschen. Daher haben wir heute Things Studies – die Erforschung unserer Beziehung zu Dingen, die wir lieben. Wir lieben auch den Luxus: iPhone oder Swatch, Big Mac oder Sushi sind nicht wegzudenken aus der modernen Welt. Shopping ist eine der Stärken und Attraktionen des westlichen Lebensstils.

Wenn wir wollen, dass die Menschen von sich aus weniger konsumieren, müssen wir sie vermutlich dazu zwingen – mit einer dirigistischen oder gar diktatorischen Politik. Oder den »Luxus des Notwendigen« (Hans Magnus Enzensberger), der das existenziell Notwendige nobilitiert, neu definieren. Also Stille, Raumgefühl, Zeit haben, saubere Luft genießen höher schätzen lernen. Das bleibt aber wohl, wie aller echter Luxus, etwas für wenige weit fortgeschrittene Zeitgenossen. Doch es gibt eine weitere Möglichkeit. Es könnte uns gelingen, eine fernöstliche Einstellung zu importieren, die Genügsamkeit und Sichbescheiden beinhaltet: das Xiaokang-Prinzip. Xiaokang ist ein mehr als 2000 Jahre alter Begriff aus dem *Buch der Lieder* – einem der »fünf Klassiker« der chinesischen Literatur, deren Studium von Konfuzius besonders empfohlen wurde. »Erleichtere denen die Last, die sich am meisten quälen, damit sie ein Leben in Xiaokang genießen können«, heißt es dort.

Wie können wir Xiaokang übersetzen? Als »Wohlstand« verstand es Deng Xiaoping, als er Ende der 1970er Jahre China auf Wachstumskurs brachte: »Armut ist kein Sozialismus.« Eher als maßvollen und gut verteilten Wohlstand verstanden es die Delegierten des 16. Nationalkongresses der Kommunistischen Partei, als sie im Jahr 2002 das Erreichen einer Xiaokang-Gesellschaft bis zum Jahr 2020 zu ihrem Ziel erklärten. Die Luxusexzesse der neuen Reichen in Schanghai, Peking oder Guangdong waren damit nicht vereinbar – nicht, solange Hunderte von Millionen Chinesen auf dem Land in bitterer Armut leben.

Eher als Wohlbefinden versteht heute Li Keqiang, der stellvertretende chinesische Premierminister, Xiaokang. Aus einem Beitrag für die *Financial Times* vom 9. Januar 2011: »Der Begriff wird heute für eine Gesellschaft verwendet, in der die Menschen Zugang zu Bildung, medizinischer Versorgung und Altersvorsorge haben, in der sie für ihre Arbeit bezahlt werden, ein Dach über dem Kopf haben sowie Nahrung und

Kleidung – und ein gut situiertes Leben führen können, glücklich und friedvoll.«

Unserer Sprache fehlt das Wort für eine solche robust genügsame Einstellung – und erst recht fehlen uns die Worte, wenn eine politische Strategie beschrieben werden sollte, die darauf hinarbeitet, in der Gesellschaft eine solche Einstellung zu verankern. Genügsamkeit als etwas Normales und gesellschaftlich Vernünftiges – das ist es, was wir uns heute nicht mehr vorstellen können.

Ob exponentiell oder asymptotisch, expansiv oder genügsam, Diktatur oder Xiaokang – wir haben es selbst in der Hand. In jeder Branche, in jedem Land, bei jeder einzelnen Abstimmung und mit jeder Konsumentscheidung beeinflussen wir mit, wohin die Reise geht. Ich möchte Ihnen kurz am Beispiel einer einzigen Branche, der Ernährung, zeigen, mit welchen Optionen wir es derzeit zu tun haben. Denn die Ernährung ist die Schlüsselbranche der Zukunft. Nur wenn wir eine robuste und klug geführte Landwirtschaft hinkriegen, werden wir die Menschen friedlich in die Zukunft führen können.

Am expansiven Ende des Spektrums steht die euphorische Vorstellung, dass Wachstum grenzenlos wird, wenn es gelingt, den exponentiellen technischen Fortschritt sofort und effizient nutzbar zu machen, die biologische (Re-)Produktion und die (Re-)Produktion von Kapital auf den Finanzmärkten innovativ kurzzuschließen – biologische Reproduktion trifft auf Kapitalakkumulation, unterstützt von entsprechenden technischen Infrastrukturen. Also: Es geht um nichts anderes, als die alte industrielle Welt definitiv hinter uns zu lassen. Wir können mit Melinda Cooper vom Centre for Biomedicine and Society vom King's College in London *(Life as Surplus)* sagen, dass sowohl Biologie als auch Finanzmärkte mit ihren Innovationsversprechungen in den letzten Jahrzehnten die Illusion der permanenten Revolutionierung des Wachstums hegten. Es wird also nichts weniger erwartet, als dass Leben als solches technisch endlos reproduzierbar, manipulierbar, multiplizierbar und damit kommerziell nutzbar gemacht werden kann, unterstützt mit Finanzmarktinnovationen wie den hochderivativen Produkten, die die Finanzierung sicherstellen. Wenn nicht mehr (gemächliche) industrielle Produktion mit Standardisierung und Skaleneffekten die Vorgabe des Wachstumstempos abgibt, also im Bereich bescheidener Fortschritte bleibt, sondern nichts weniger als die Entstandardisierung des Lebens gänzlich neue Patentierungsmöglichkeiten und damit natürlich entsprechend hohe Einnahmequellen erschließt, lassen wir alle Diskussionen um die »Grenzen des Wachstums« hinter uns.

Die Tatsache begrenzter Ressourcen, die größte Herausforderung in der industriellen Welt, könnte so überwunden werden. Eine verlockende Utopie, die die alte Idee der Perfektibilität der Natur aufnimmt und wohl die Imaginationskraft aller bisherigen Utopisten und auch Kritiker der Utopien wie George Orwell oder Aldous Huxley bei weitem übertrifft. Denn die Technik realisiert die Utopie, nicht mehr die moralischen Fortschritte der Menschheit. Finanzmarktgestützte Biotechnologie würde also geradezu paradiesische Zustände – zumindest für die Investoren – herbeiführen.

Zurück in die Normalität, in der die immer noch dominante Agro-Petro-Chemo-Welt an den drängendsten Herausforderungen der Ernährung arbeitet. Sie versucht, die Ernährungswünsche der größer werdenden Mittelschichten in den Emerging Nations bei gleichzeitig weitergeführtem Wohlstandsniveau der westlichen Nationen zu befriedigen: mit teureren Rohstoffen und Düngemitteln, steigenden Transportkosten und komplexerer Logistik, drohendem Klimawandel und bereits bestehenden Engpässen in der Wasserversorgung – zumindest in einzelnen Regionen der Welt. Dazu kommt, dass mit der Gewinnung von Biotreibstoffen (etwa aus Getreide, Zuckerrohr, Raps oder Soja) der Wettbewerb Mensch gegen Maschine intensiviert wird: Die energiehungrige Maschine erntet und verbraucht mithin die Früchte der Natur und nicht mehr der hungrige Mensch. Selbst die Chefs und Präsidenten der größten Ernährungskonzerne wie Paul Polmann von Unilever oder Peter Brabeck von Nestlé schimpfen unverblümt gegen Biotreibstoffe, die die Lebensmittelpreise vor allem für die ärmsten Menschen unerschwinglich machen. Und der Landwirtschaft weiterhin hohe Subventionen garantieren – und dem Globus steigende ökologische Nebenfolgekosten aufdrücken.

Kurz: Die Produktivitätsfortschritte im alten Agro-Petro-Chemo-System sind zu bescheiden und genügen bei weitem nicht. Je nachdem, welchen Zahlen man Vertrauen schenken will (keine einfache Aufgabe!), müsste der Produktivitätsgewinn in der landwirtschaftlichen Produktion pro Jahr rund 25 Prozent größer sein, um der steigenden Nachfrage Genüge zu leisten. Das bisherige »Mehr vom selben« wird also nicht mehr reichen: Ohne Gentechnik, ohne Quantensprünge in Innovationen werden die rasch wachsenden Mittelschichten (China, Indien, Brasilien, Indonesien, um nur die größten zu nennen) ihren Hunger nach mehr Molkereiprodukten, mehr hochwertigem Fleisch, mehr Convenience und mobilerem Lifestyle nicht befriedigen können. Soziale Unruhen von hungernden Menschen werden häufiger und bedrohlicher.

Um den derzeitigen Wachstumskurs auch nur zwei Jahrzehnte aufrechterhalten zu können, kommen wir nicht umhin, unsere grundlegenden Lebensvoraussetzungen zu revolutionieren, und zwar permanent. Das verlangt also konkret nichts weniger als die Entstandardisierung des Lebens und die Bereitschaft zur Manipulation und Rekombination von genetischem Material aller Art.

Die Utopien des Technologie-Futurologen Ray Kurzweil sind dafür ein schönes Beispiel aus einer anderen Branche: Die »Laws of Accelerating Change and Returns« bringen den unweigerlich positiven Nutzen der Technologie für die Wertschöpfung, und zwar exponentiell. Die Umsetzung passiert ebenfalls immer schneller und effizienter. Die Entwicklung der Rechenleistungen von Computern, die in der Tat eindrucksvoll sind, dient als Beweis. Das führt zu sich selbst verändernder und sich selbst verbessernder Technologie, und die Schnittstelle zwischen Gehirn und Computer bringt folgerichtig technische Singularität. Um mit den Maschinen Schritt halten zu können, muss der Mensch sich deshalb permanent verbessern, dadurch auch sein gentechnisches Material optimieren. Dazu ist er auf *augmented intelligence*, also eine erweiterte Intelligenz angewiesen, die ihn im Wettbewerb mit den Maschinen überlebenstauglich macht. Mensch und Maschine verschmelzen. Nach Kurzweil ist diese Entwicklung nicht zu bremsen; sie wird sich (bereits) in den kommenden zwei bis drei Jahrzehnten realisieren.

Unsere zukünftigen Ernährungsgewohnheiten dürften allerdings kaum auf eine solche permanente Revolutionierung hinauslaufen. Denn eine älter werdende westliche Bevölkerung wird automatisch auch konservativer in ihrem Verhalten. Sie zu größeren Veränderungen zu animieren bräuchte Brachialgewalt. Statt auf Beschleunigung wird sie auf Entschleunigung setzen: Das Schlagwort »slow« (wie in »Slow Food«) wird bei vielen Entwicklungen als Gegentrend zur Beschleunigung und den steigenden Unsicherheiten angehängt (siehe Kapitel 2). Kritiker tun solche Entwicklungen wie immer als »Romantik« ab, die in Wohlstandszivilisationen aufbricht. Das ist zum Teil sicher richtig. Aber als Menschen sind wir zum überwiegenden Teil auch romantische Wesen und nicht nur rationale. Rationalität ist eher die Ausnahme – inzwischen haben das sogar die meisten Ökonomen eingesehen. Der romantische Biolandbau ist wichtig und macht Fortschritte. Gut so. Denn er sorgt auch für die wichtige und unerlässliche Sensibilisierung der Konsumenten. Er hilft gegen die Gleichgültigkeit. Aber er hat Grenzen. Und braucht Verstärkung.

Dass die Landwirtschaft vor großen Herausforderungen steht und dass hier fatale Fehler begangen wurden in der Vergangenheit, ist offensichtlich. Das gilt wohl für fast alle Länder, nicht nur für die hochentwickelten mit ihrem tendenziell stark protektionistischen Gebaren. Dennoch ist der Landwirt die Basis und das »Gerüst« für die Zukunft – wer das verkennt und nur auf Global Trade, Discountpreise und internationale Spezialisierung setzt, unterminiert die Robustheit und fördert die Instabilität. Der positive Beitrag der Landwirtschaft für ein Land erschöpft sich gerade nicht nur in der Produktion, sondern geht weit bis hinein in die Kultur, die Landschaftspflege, den Tourismus und die politische Kontinuität. Erst in einer vollends globalen Welt ohne Grenzen, in der Politik keine Rolle mehr spielt, können solche Gedanken des kompletten Outsourcing von Landwirtschaft ernsthaft erwogen werden.

Die Vorwärts-Utopien des Bioengineering und der gentechnischen Manipulation kommen nur langsam voran. Die Agro-Petro-Chemo-Welt des »Mehr vom selben« wird uns weiter massiv begleiten – mit allen bekannten unangenehmen Nebenfolgen wie etwa der Übernutzung von Böden und immer noch mangelnder Food Safety in den globalen Lieferketten. Die Verbesserungen hin zu einer nachhaltigeren Entwicklung werden wohl kommen, aber viel langsamer, als wir erhoffen, und in kleinen Schritten. Lebensmittelskandale, wie in China an der Tagesordnung, werden andauern. Aquafarming ist ein starkes Beispiel, das dort in atemberaubendem Tempo wächst. »Mehr vom selben«, so kann gerade für China festgehalten werden, heißt heute einfach Aquafarming und setzt fort beziehungsweise ersetzt, was früher für den Wildfang gegolten hat. Wie viel nicht beherrschbare Komplexität wir damit aufbauen, lässt sich nur erahnen, etwa wenn wir zur Kenntnis nehmen, dass nur ein verschwindender Bruchteil der Angestellten eine minimale Ausbildung genossen hat. Man kann die Situation auch umdrehen und sehr positiv sagen, dass es eigentlich, wenn man die Umstände kennt, eher erstaunlich ist, dass nicht viel mehr tragische Unfälle passieren. Oder wir wissen es einfach nicht. Oder noch nicht. Im Verdrängen von unliebsamen Ereignissen sind wir ja sehr gut. Scheinbar exponentiell gut.

Im Straßen- und im Luftverkehr nehmen wir tragische Unfälle als unvermeidbare Begleiterscheinung der Mobilität hin. »Freie Fahrt für freie Bürger« hieß das einst beim deutschen Autofahrerverein ADAC. Sind wir auch in anderen Lebensbereichen bereit, uns so bereitwillig ins Risiko zu stürzen?

Der Weg zur Extremophilie

Wenn wir auf kontinuierliches und namhaftes Wachstum im alten Stil hoffen, müssen wir uns Extremszenarien ausdenken und auf ihre Verwirklichung hinarbeiten. Wir müssen uns den Gedanken, dass es so etwas wie Sättigung geben könnte, abtrainieren und uns Weiter-so-Wege bahnen. Wir müssen, kurz gesagt, die Extreme zu lieben beginnen.

In einem Bereich haben wir zuletzt deutlich sehen können, wie ein »Weiter so« geht – und dass es eben auf Dauer nicht funktionieren kann. Dieser Bereich sind die Finanzmärkte. Die letzten 30 Jahre, insbesondere aber die Jahre 2002 bis 2008, haben von immer mehr Maßlosigkeit und Illusionen der Deregulierungseuphorie gelebt. Der Finanzkapitalismus konnte dank modernster Informationstechnologie alle zeitlichen und räumlichen Grenzen überwinden. Die dadurch entfesselte Liquidifizierungskraft kann Assets im Nu – dank digitalen Medien tatsächlich in Echtzeit – global potenzieren und derivatisieren, transformieren und transferieren. Zumeist clevere Physiker und Mathematiker stellen die hochabstrakten algorithmenbasierten Computermodelle zur Verfügung, die, einmal programmiert, von selbst laufen und kleinste Differenzen zwischen Assetklassen sofort ausnützen, um rasche Gewinne zu erzielen, oder, noch komplexer, die Konstellationen mit *predicitve tools* antizipieren, weil alle immer schneller das Gleiche tun und sich die Gewinnmöglichkeiten so tendenziell wieder aufheben. Beim derzeit sehr beliebten »High Frequency Trading« (HFT) geht das so weit, dass die Handelsfirmen ihre Standorte so auswählen, dass ihre Leitungswege besonders kurz sind: Jeder Kilometer Entfernung bedeutet schließlich drei Mikrosekunden mehr Reaktionszeit, eine halbe Ewigkeit für die HFT-Algorithmenmaschinen.

Menschen, die damit in der Praxis arbeiten, brauchen das scheinbar nicht mehr zu verstehen – denn es funktioniert ja. Während der Industriekapitalismus noch Jahre oder Jahrzehnte brauchte, um seine Ertragskraft zu entfalten, lebt der heutige Finanzkapitalismus von der Beschleunigung. Finanzkapital kann bewegt, neu zusammengesetzt, aber auch vernichtet werden in Echtzeit.

Zuletzt vor allem Letzteres. Erinnern wir uns nur an den Fall Lehman Brothers zurück, den Anfang vom Ende des »Mehr vom selben«: Die Bereitschaft, immer größere Risiken einzugehen, ging dort einher mit dem Glauben an immer bessere Technologie und an die Funktionstüchtigkeit mathematisch-physikalischer Modelle. Dick Fuld, der damalige Lehman-Chef, hatte voll und ganz auf die Leistungskraft solcher Modelle vertraut und auf sie immer höhere Summen gesetzt – und nicht auf die Menschen gewettet, die letztendlich die Verantwortung übernehmen (sollten).

Trusting the maths ersetzt in solchen technizistischen Szenarien *betting on the man*. Das ist die Vorstellung, man könne den Blindflug der Maschinen über unseren Köpfen zulassen ohne Bezug auf menschliches Verständnis. Die Menschen – beziehungsweise einige wenige privilegierte Menschen – werden davon profitieren und dafür sorgen, dass der Umgang mit Geld und Leben endlos weiterentwickelt, rezykliert, akkumuliert und dabei immer wieder revolutioniert wird. Gerade der Fall Dick Fuld zeigt wunderbar, wie der Glaube an wissenschaftlich-technische Machbarkeit Führungspersönlichkeiten, die in einem einsamen, abgehobenen Kreis von ihresgleichen verkehren, zu groben Fehleinschätzungen verführen kann.

Fuld und Lehman Brothers sind (gar nicht einmal so extreme) Beispiele der in der Finanzbranche so weit verbreiteten Extremophilie. Wenn eine Abteilung, ein Unternehmen, eine Industrie immer weiter wachsen soll, obwohl alle rational vertretbaren Potenziale bereits ausgereizt sind, steigen viele Menschen aus (oder werden ausgestiegen), die die Spirale nicht noch weiter und weiter drehen wollen. Übrig bleiben die »Extremophilen«, also eben jene Menschen, die die Extreme zu lieben beginnen, weil nur diese ihnen eine Fortführung des Wachstums ermöglichen. Das ist so, als würde man mit dem Auto auf dem täglichen Weg zur Arbeit ein und dieselbe Kurve jeden Tag mit einem Stundenkilometer mehr durchfahren. Wenn das Auto das nicht mehr mitmacht, sucht man sich ein anderes mit besserer Straßenlage; wenn der Beifahrer nicht mehr mitfahren will, fährt man eben alleine weiter, jeden Tag schneller – wenn es gestern bei 120 Stundenkilometern gut gegangen ist, warum sollte es heute bei 121 Stundenkilometern schiefgehen?

Im Beispiel mit dem Auto wird jedem sofort klar, dass dieses Verhalten eines Tages zum Knall führen muss und dass die Konsequenzen umso gravierender sein werden, je länger das Spiel weitergetrieben wird – mit Tempo 180 rast es sich nun mal tödlicher in den Straßengraben als mit Tempo 80. Aber offenbar ist vielen diese Einsicht nicht so klar beim Spiel mit den Schuldenbergen, die in der Weltwirtschaft herumkurven. Hier nimmt nicht nur die Geschwindigkeit von Schuldenrunde zu Schuldenrunde zu – die zentralen Akteure wollen uns auch noch weismachen, dass man die Probleme dadurch lösen kann, dass sie einfach wegbeschleunigt werden. Nicht nur, aber vor allem in den USA: Ob mit den TARP-Programmen von 2007 (Troubled Asset Relief Program), dem Quantitative Easing (QE) der US-Notenbank Fed von 2008/2009 oder deren QE2 von 2010/2011, es geht nur

noch darum, die Wirtschaft mit »mehr vom selben« anzu-
kurbeln, in der Hoffnung, stimulierend und aktivierend zu
wirken: Nur ja nicht bremsen, so als wäre im Motor der
Weltwirtschaft eine Bombe versteckt, die explodiert, sobald
man auf das Bremspedal tritt. QE2 klingt wie der Name
eines luxuriösen Ozeandampfers, aber auch die *Titanic* hat
ja mal so angefangen. Dabei ist natürlich die Steigerung von
Verschuldung nicht endlos, auch nicht in einer Welt der Extremophilie. Sie lebt nur noch von der Illusion der Erlösung,
indem sie die Verschuldung einfach immer weiter und immer
schneller treibt. Bei mir taucht unweigerlich das Bild des
Dürrenmatt'schen Tunnels auf: Der Zug rast führungslos
immer schneller, niemand scheint wahrnehmen zu wollen,
was los ist, und man kommt nicht mehr aus dem Tunnel
hinaus: Es bleibt dunkel und perspektivlos.

Die Finanzmarkttheorien bieten also theoretisch wie praktisch keine Lösungsansätze für Krisen an, sondern nur für
deren Verschiebung: Man reicht den schwarzen Peter einfach weiter. »It's all about allocating the losses to the right
losers«, fasste ein US-Investmentbanker die Strategie der
Branche im Lehman-Jahr zusammen: Wenn die Verluste bei
den richtigen Verlierern angekommen sind, können die Extremophilen ihre Paraderolle als Gewinner weiterspielen.

Und weil die Verluste auf diese Weise am Ende bei den Bürgern sowie den kleinen und mittleren Unternehmen landen,
gehen dort Konsum- beziehungsweise Investitionsbereitschaft
zurück, und die Schere zwischen *global winners* und *local
losers*, zwischen *working rich* und *working poor* öffnet sich
immer weiter. Nimmt man den Trendsetter der westlichen
Welt, die USA, so kontrollierten dort im Jahr 2007 – kurz
vor dem Ausbruch der Finanzmarktkrise – ein Prozent aller
Haushalte rund 35 Prozent des Vermögens. Für die obers-
ten 10 Prozent der Reichtumspyramide lag dieser Anteil bei

rund 73 Prozent des Vermögens – und für die untersten 40 Prozent gerade einmal bei 0,2 Prozent. Der GINI-Index, das weltweit wichtigste Maß für ökonomische Gleichheit, hat sich in fast allen Ländern zugunsten von mehr Ungleichheit verschlechtert.

Je genauer man hinschaut, desto weniger besteht Grund zu Optimismus. So flossen etwa von 2002 bis 2007 nach einer Studie der Ökonomen Emmanuel Saez und Thomas Piketty 65 Prozent des gesamten Einkommenszuwachses der US-Haushalte an das oberste Prozent der Bevölkerung. Mit kurzer Unterbrechung während den schlimmsten Monaten der Finanzmarktkrise geht es nun wieder in die gleiche Richtung weiter. Bereits 2009 haben die 25 erfolgreichsten Hedgefonds-Manager der Vereinigten Staaten im Schnitt über eine Milliarde Dollar verdient – notabene mehr als die CEOs der »Fortune Top 500« zusammen. Doch das Verrückteste dabei ist: Am meisten verdient haben diejenigen, die *gegen* das System gewettet haben. Und das heißt, Destruktivität gewinnt.

»The World is dividing into two Blocs – the Plutonomy and the Rest.« So beschrieb der berühmte Report der Citibank aus dem Jahr 2005 die Entstehung einer neuen Welt, deren Ordnung (Nomos) den Interessen der Superreichen entspreche (bei den Griechen war Pluto der Gott des Reichtums, bei den Römern hingegen derjenige der Unterwelt). »In einer Plutonomie gibt es nicht mehr den US-Konsumenten, den britischen oder russischen Konsumenten. Es gibt reiche Konsumenten, wenig an der Zahl, aber mit einem weit überproportionalen Anteil an Einkommen und Konsum. Und dann gibt es den Rest, die Nichtreichen, viel an der Zahl, aber nur mit einem überraschend geringen Anteil am zu verteilenden Kuchen.« Und es gibt keinen Grund zur Annahme, dass sich daran seither etwas geändert hat oder gerade ändert.

Im ersten Wall-Street-Film von Oliver Stone aus dem Jahr 1987 wird es noch als abscheulich dargestellt, wenn ein Manager 2 oder 3 Millionen Dollar im Jahr verdient. Der Film ist noch keine 25 Jahre alt. Die digitale und deregulierte Welt hat die Dimensionen radikal verändert. Es ist heute normal, dass man mit Anfang zwanzig Milliardär ist. Und dass die Finanzinstitute Leute anstellen, die einen zweistelligen Millionenbetrag im Jahr verdienen. Und keiner das Gefühl hat, er verdiene zu viel.

In Anlehnung an den von Samuel Huntington geprägten Begriff könnten wir die Herrscher dieser plutonomischen Weltordnung als »Davos Man« bezeichnen. Diese Person ist nicht »schlecht« oder verwerflich, sie nützt einfach die gegebenen Umstände konsequent für sich aus. Sie geht weg, wenn sie nicht mehr gebraucht wird. Diese neue Aristokratie hat keine nationale Herkunft mehr, zumindest keine, die zählt. Der indische Manager in New York, der amerikanische Investmentbanker in Zürich, der englische Steuerjurist in Hongkong, sie eint mehr als zwei Bauern im Kanton Appenzell Innerrhoden oder zwei Tourismusverantwortliche in Südtirol.

Diese neue Elite ist viel gefährlicher als alle alten Eliten. Denn die alte Elite hatte ein Bewusstsein für den Kontext. Sie hat zumindest gewusst, dass sie selbst nicht ohne die »anderen« Menschen leben kann. Sie mag autoritärer sein als die neue, strikt meritokratisch-professionelle Elite. Aber sie hat gewusst, dass niemand allein und abgeschottet leben kann. Kein Zufall: Für russische Oligarchen (wie Michail Chodorkowski), für Goldman-Sachs-Chef Lloyd Blankfein oder für andere aus ihrer Liga spielt die Gesellschaft keine Rolle. Blankfein kommt zwar selbst aus einfachen Verhältnissen, sein Vater war Postangestellter in der Bronx, aber er hat schon lange keinen Bezug mehr zu den »realen« Menschen. Zwischen Masters of the Universe und Monsters of the Universe ist ein schmaler Grat: Madoff, Fuld, Ospel, Blankfein, Greenspan, Rajaratnam, Strauss-Kahn, um nur einige zu nennen, geben exemplarisch ein Panorama ab, das für die abstrakte Finanzwelt steht. Barbara Kellerman, die an der Harvard Kennedy School über die Hintergründe von *bad leadership* forscht, hat die Persönlichkeitsprofile solcher Herren wunderbar auf den Punkt gebracht. Gerade schmeichelnd sind sie nicht.

Wir können präzise formulieren, wann wir den Weg in die Extremophilie beschreiten: wenn Eliten es nicht mehr für nötig befinden, konkrete, örtliche Verantwortung zu übernehmen. Dieser Rückbezug auf Orte ist entscheidend. Denn »Macht« ist auch in der vernetzten globalen Welt immer ortsgebunden. Und eine nachhaltige, überlebensfähige Ordnung entsteht immer nur über Verortung, hat also Grenzen. Wer Verantwortung übernimmt, kann nicht »Ich bin dann mal weg« sagen, nur weil das gerade im Moment am bequemsten ist und dabei noch etwas Steueroptimierung herausspringt. Die neue Elite kehrt einfach den Marx'schen Unsinn des ortslosen Proletariats um beziehungsweise radikalisiert ihn noch: Hieß es dort »Der Proletarier hat keine Heimat«, weil er überall seine Arbeitskraft deponieren muss, um zu überleben, so ist die aktuelle Manager-Aristokratie in der Lage zu sagen: »Wo immer ich gerade bin, ich nehme, was ich will, und haue dann ab und ziehe weiter, wenn ich genug für mich herausgeholt habe.«

Wenn die neue globale Elite also weniger »Verwurzelung« und Loyalität gegenüber Traditionen zeigt und gleichzeitig die nationale Politik an Bedeutung verliert, entstehen fast automatisch Konflikte. Mit den uns bekannten Vokabeln bezeichnen wir sie üblicherweise als »Arm gegen Reich« oder »Markt gegen Staat« oder »Kapital gegen Arbeit« – ich ziehe es vor, vom Konflikt zwischen Sinn und Wahnsinn zu sprechen.

Stellen wir uns für ein paar Absätze auf den Standpunkt, dass eine »Mehr vom selben«-Welt der Extremophilie dauerhaft möglich und lebensfähig wäre. Wie würde sie aussehen? Wie die Finanzmärkte aussehen würden, wissen wir bereits – so wie im Jahr 2006, nur ohne die Krise hinterher. Die Ökonomen müssten ihr Fach auf gänzlich neue Grundlagen stellen, die alten Definitionen von Begriffen wie »Rezession« oder »Krise« wären jedenfalls obsolet. Ansätze für die Erklärung einer solchen sich permanent und spontan neu erschaffenden Welt finden sich zwar bereits bei ökonomischen Klassikern wie Hayek oder Schumpeter, aber eben nur Ansätze: Diese Klassiker erscheinen schon ziemlich harmlos, wenn wir sie mit der Gegenwart konfrontieren, von der Zukunft einer extremophilen Utopie ganz zu schweigen. Wir bräuchten im Sinne Trotzkis – er hätte wohl seine insgeheime Freude daran gehabt – die Bereitschaft zur permanenten Revolution der bestehenden Verhältnisse, weil nur so die Welt der begrenzten Ressourcen durch das Eingehen viel größerer Risiken überwunden werden kann.

Weiter mit Wissenschaft und Technologie. Sie treiben die Wertschöpfung voran, sie sorgen dafür, dass Unternehmen und Organisationen die Innovationskraft nicht ausgeht. Doch unter dem Druck, immer und immer mehr Wachstum zu generieren, steigt die Gefahr, dass *Technik und Wissenschaft als Ideologie* (so der pointierte Titel eines Klassikers von Jürgen Habermas) missbraucht werden. Je mehr wir darauf angewiesen sind, dass Forschung und Produktivitätsfortschritte kontinuierlich steigen, desto stärker wird der Druck zur Missinterpretation und das Risiko des Missbrauchs. Der Glaube, dass Wissenschaft und Technologie automatisch und wie durch ein Wunder Wissen vermehren und in Fort-

schritt sich ummünzen, wird zur Leitideologie in der extremophilen Welt – man wird sie brauchen, um anderweitige Defizite zu kaschieren.

Eines dieser Defizite würde, nach unseren heutigen ethi-
schen Vorstellungen, in der Neudefinition von Leben und Le-
bewesen bestehen. Wir kennen diese Diskussionen ansatz-
weise schon aus dem heutigen Gesundheitswesen. Wann beginnt menschliches Leben, wann hört es auf? Wann ist man
noch Mensch, wann nicht? Macht es Sinn, einem Patienten,
der nicht mehr ansprechbar ist und keinerlei Hoffnung auf
Verbesserung seines Krankheitszustandes mehr hat, mit sehr
teuren Medikamenten und Pflege zu therapieren? Themen
wie Sterbetourismus, aktive Sterbehilfe, Würde des Menschen
werden uns nicht mehr verlassen. Ethik wird immer mehr
zum Business – mit all jenen Auswüchsen, die extremophiles
Business auszeichnen.

Machen wir beim politischen System weiter. Die meisten
der uns vertrauten politischen Strömungen dürften in einer
solchen Welt schlicht nicht an die Macht kommen: Für Kon-
servative, Sozialisten und Liberale im herkömmlichen Sinne
ist eine extremophile Welt unverständlich, gefährlich, de-
struktiv, sie würden sie bekämpfen und zu Fall bringen, wenn
sie die Gelegenheit dazu bekämen. Nur ein extremer Neoliberalismus könnte mit einer solchen Welt leben. Den gibt
es durchaus auch schon heute – aber in der Extremophilie
müsste er die permanente Regierungsverantwortung ausüben. Jenes »Singapur«, von dem interessanterweise sowohl
in der Finanzmarktindustrie als auch in Wissenschaft und
Forschung viele Führungskräfte schwärmen, können wir uns
als globales Staatsmodell in einer extremophilen Welt vorstellen. Dass dort andere politische Verhältnisse herrschen
als im Westen, wird von den Schwärmern gerne und groß-
zügig übergangen. Oder die dortigen Verhältnisse werden

manchmal sogar recht offen herbeigesehnt. Wir hätten es also nach unserem heutigen Sprachgebrauch mit einer technokratischen Diktatur zu tun.

Verlassen wir diese Welt wieder – um hoffentlich niemals zu erleben, dass sie Wirklichkeit wird. In der Welt, in der wir leben, beziehungsweise in einer Welt, in der wir leben möchten, ist es schlicht ausgeschlossen, dass wir mit der »Mehr vom selben«-Strategie durchkommen. Selbst bei optimistischsten Annahmen bezüglich erstens wissenschaftlichen Entdeckungen, die überlebensrelevant sind, zweitens Produktivitätsfortschritten, die nachhaltig sind, und drittens der Vermutung eines rationaleren Verhaltens der Menschen sind die Erwartungen an Wissenschaft, Technologie, Wirtschaft und Politik zu hoch.

Betrachten wir dafür beispielhaft einen Sektor, der einen großen Teil jener immer mehr und immer schnelleren Innovationen hervorbringen müsste, die wir in einer extremophilen Welt bräuchten: Biotechnologie, Gentechnologie und Pharmaforschung. Wir haben hohe Erwartungen in die aus ihrer Grundlagenforschung entstandenen Produkte gesetzt – aber sie kommen nicht wirklich voran. Oder nur viel langsamer als vermutet. Denn je wissenschaftlich komplexer die Forschung und Entwicklung eines Produktes, desto aufwendiger auch seine Zulassung. Die vielen Pannen und nicht beabsichtigten Nebenfolgen von bereits eingeführten Verschreibungsmitteln sprechen Bände. Die Regulierer sind vorsichtig geworden. Dabei wären Innovationen hier dringend nötig, etwa um viele der Langzeitkrankheiten zu heilen.

Die große Pharmaindustrie steckt heute in der Krise, ihr fehlen dutzendweise neue Blockbuster-Medikamente, die in der Konzernbilanz die Nachfolge jener Produkte antreten können, deren Patente auslaufen. Eine Mitschuld daran trägt übrigens der Druck der Finanzmärkte auf rasche Gewinne, der viele Unternehmen dazu verleitet, das Budget für Forschung und Entwicklung zusammenzustreichen, um mehr Dividenden auszuzahlen oder Aktienrückkaufprogramme zu starten. Aber mit ein bisschen mehr Marketing und Vertriebsmuskeln lassen sich die strukturellen Herausforderungen nicht beheben.

Auch in einem vergleichsweise simplen Sektor wie der Ernährungsindustrie kommen nicht genügend neue Produkte nach, um die Rendite- und Wachstumserwartungen der Finanzmärkte zu erfüllen. Wir können Paul Bulke, dem CEO von Nestlé, zustimmen, der bezüglich der Ernährungsforschung seines eigenen Unternehmens sagte: »Auf jede Antwort, die wir bekommen, gibt es zehn neue Fragen.« Die 1:10-Regel ist wohl noch optimistisch. Die Komplexität, mit der die Forscher und die Führungskräfte bei Ernährung, Pharma, Gentechnologie oder anderen Branchen konfrontiert werden, lässt sich nicht einfach absorbieren – sie drückt aufs Tempo und auf die Margen.

Und sie führt dazu, dass wir Fehler machen. Teure Fehler, ja unbezahlbare Fehler. Lehman Brothers 2008, BP 2010, Fukushima 2011. Oder auf einer anderen Ebene: der Absturz des Airbus A 330-200 der Air France auf dem Flug von Rio nach Paris 2009. Die Anzahl der neuen Themen und Herausforderungen wächst viel schneller als die Ressourcen, die wir zur Verfügung haben, diese zu lösen, geschweige denn aufzuklären oder, wie im Fall von Lehman Brothers, noch zu liquidieren. Die erwähnten Großereignisse rauschen nur noch im Eiltempo an uns vorbei – das noch größere und noch aktuellere Ereignis macht das letzte weniger bedeutend, relativiert es und senkt es in die Vergessenheit hinab. Das heißt: Großereignisse werden gelöst, indem sie überholt werden vom nächsten Vorfall. Damit aber schieben wir nur auf. Wir sind nur noch Feuerlöscher.

Was der Common Sense oder der gesunde Menschenverstand immer schon dumpf ahnte, wird durch die Ereignisse der letzten Monate und Jahre eindrücklich bestätigt. Wir sind nicht die Herren dieser Welt. Der joviale Umgang mit Mensch und Natur ist nicht nachhaltig. Unsere Erwartungen an die Machbarkeit der Zukunft müssen nach unten revidiert werden, wenn wir nicht bereit sind, extremophil zu werden und entsprechend viel größere Risiken als bisher einzugehen. Wenn wir minimale Standards der gegenseitigen Rücksichtnahme nicht einhalten, haben wir keine Zukunft: weder Menschen untereinander noch in der Beziehung Mensch–Natur.

Sagen wir es klipp und klar: Der Planet Erde wird den Übergang der Emerging Nations von einer Subsistenzwirtschaft (wie zum größten Teil noch in Indien heute) zum Produktionskapitalismus (wie in China) und dann in einen Konsumkapitalismus westlicher Art nicht verkraften (es müssen nicht einmal die USA sein, es kann auch England, Frankreich oder die Schweiz sein). Wir haben erlebt, dass wir im Eilzugtempo immer neue *Bubbles* kreieren, wundersame Vorstellungen vor uns herdefinieren, die letztendlich nur ganz wenigen und nur ganz kurzfristig gewisse Vorteile bringen, dafür umso größere Nachteile für die überwiegende Mehrheit der Menschen. Die »Verwestlichung« des Planeten ist kein Traum mehr, der für alle Wohlstand und Frieden bringen soll, sondern allenfalls ein Albtraum und eine naive Illusion, wie es schon die These des Endes der Geschichte war.

Chandran Nair hat das in seinem Buch *Consumptionomics: Asia's Role in Reshaping Capitalism and Saving the Planet* sehr gut auf den Punkt gebracht. Würde Asien so viel Energie pro Kopf verbrauchen wie die Europäer – was im Verhältnis zu den Amerikanern immer noch relativ bescheiden ist –, bräuchte dieser rasch wachsende Wirtschaftsraum achtmal mehr Energie als die Amerikaner. Die Amerikaner konsumieren heute in vielen Kategorien ein Viertel bis ein Drittel der Weltproduktion. Übertragbar?

Oder mit einem anderen Beispiel: Die US-Bürger essen heute etwa neun Milliarden Hühner im Jahr. Huhn ist in, und der Konsum wird schnell weiterwachsen, denn es gilt ernährungstechnisch als Alternative zum »richtigen« Fleisch wie Rind oder Kalb. Und es gilt als ökologischer. Würden also alle Asiaten so viel Huhn konsumieren wie die Amerikaner im Jahre 2010, bräuchte man bis 2050 rund 120 Milliarden Hühner pro Jahr – Batterieviecher wohlverstanden, denn eine solche Masse lässt sich nur mit absolut rigiden industriellen Prozessen und Optimierungen züchten. Ist das aber sinnvoll umsetzbar, selbst wenn man sehr optimistisch und wissenschaftsfreundlich in die Zukunft blickt?

Aber wer tut das heutzutage noch? Das Vertrauen der Anleger, der Bürger, der »Basis« wird durch gigantomanische, nicht mehr überschaubare, nicht mehr kontrollierbare und scheinbar hektische Aktivitäten kontinuierlich unterminiert. Innovationen, die für eine extremophile Welt schnellstmöglich eingeführt werden müssten, stoßen auf den mal passiven, mal aktiven und manchmal auch aggressiven Widerstand einer Bevölkerung, die in einer solchen Welt nicht leben möchte. Ein aktuelles Beispiel hierfür ist die Skepsis gegenüber gentechnisch manipulierten Organismen und allen Formen von gentechnisch veränderten Lebensmitteln in der westlichen Welt, vor allem in Europa: Die beschleunigte Entstandardisierung von Leben, das Patentieren von neuem Leben eröffnet zwar spannende Perspektiven, aber wenn die Komplexität und vor allem deren nichtintendierte Nebenfolgen immer schwerer wiegen, kann vernünftigerweise nur eine Folge resultieren: Verlangsamung durch ein Nein-Moratorium.

Dazu kommen die nicht nur physisch, sondern auch psychisch gravierenden Folgen von menschengemachten Katastrophen. Größtunfälle wie Fukushima 2011 führen zu einer weiteren Skepsis gegenüber Wissenschaft und Hightech – und unterminieren damit das wichtigste Asset der westlichen Welt, nämlich das (große) Vertrauen in Experten. Wissensökonomie braucht das Vertrauen in Experten. Dieses Vertrauenskapital in Medizin oder Engineering hat sich über Jahrzehnte aufgebaut und durch viele positive Erfahrungen vermehrt. Bei einer einzigen Katastrophe kann es innerhalb von Monaten fast komplett wieder zerstört werden. Fukushima ist ein Schock für den Glauben an Wissenschaft und Technologie. Und ohne dieses Vertrauen sind größere Fortschritte kaum mehr legitimierbar.

Der messbare und kontinuierliche Fortschritt, dessen Idee wir dem westlichen Denken verdanken, also eine gerichtete, linear über Krisen und konjunkturelle Schwankungen immer weiter nach oben zeigende Entwicklung, ist heute obsolet geworden. Die tatsächliche Entwicklung zeigt vielmehr auf, wie limitiert wir unsere Zukunftsvorstellungen auf den Bereich der modernen ökonomischen Theorien eingeschossen haben. In einer sich entwickelnden Wissensökonomie entstehen neue Bedürfnisse und Wünsche viel schneller als die verfügbaren Ressourcen, diese zu befriedigen. In der Hinsicht war die vormoderne Ökonomie, die wir gerne belächeln, noch viel bescheidener: Sie hatte noch das Erreichen von Zielen im Blick. Und damit war sie auch erfolgreicher. Wenn Menschen Ziele haben, die sie auch erreichen können, leben sie glücklicher, als wenn sie permanent von Zielen überrollt werden, die sie gar nicht mehr umsetzen können. Und von einer Enttäuschung in die nächste stolpern. Und sich dabei die Anzahl der Opfer kontinuierlich erhöht, ohne Aussicht auf Besserung. Blaney und Inayatullah haben in ihren erhellenden Beiträgen zur »Wilden Ökonomie« *(Savage Economics: Wealth, Poverty and the Temporal Walls of Capitalism)* aufgezeigt, dass wir diesbezüglich gegenüber den »Wilden« das Nachsehen haben.

In den vergangenen zwei Jahrhunderten haben wir immer erleben können, dass die ökonomischen und sozialen Krisen einer Gesellschaft durch neue Technologien oder neue Gesellschaftsmodelle überwunden werden können. Die Kondratieff-Zyklen der langen Konjunkturwellen geben dafür eine anschauliche Darstellung: Als Schrittmacherbranchen fungierten dabei nacheinander Eisenbahn, Chemie, Elektro, Automobil, Computer, Telekommunikation und Biologie. Und das nächste große Ding wartet bestimmt schon auf uns, oder? Selbst wenn: Es ist kein zukunftsfähiger Ansatz, auf neue Großmodelle zu hoffen. Vielmehr geht es im Age of Less um Abklärungen, Reflexion und kritisches Hinterfragen, Verlangsamungen, Regeneration, Maßhalten, Experimentieren, Kooperation als Basis des Wettbewerbs und neue Partnerschaften. Und damit um die Möglichkeit, Freiheitsräume überhaupt noch vorzufinden und unternehmerisch zu handeln. Darum braucht es weniger Ideologie. Das Schrecklichste wären neue Superideen oder noch mehr Technokratie auf der Basis von zentralistischen globalen Superstrukturen.

Was sonst? Gerade in unsicheren Zeiten mit erhöhter Krisenanfälligkeit empfiehlt sich eine gute Durchmischung von Branchen und Kompetenzen, um so mehr Robustheit zu generieren. Was immerhin genau das Gegenteil dessen wäre, was uns die Nationalökonomie in Anlehnung an David Ricardos Theorie der komparativen Kostenvorteile zwei Jahrhunderte lang gelehrt hat. Volkswirtschaften sollten sich demnach auf die Produkte und Technologien spezialisieren, die sie relativ am besten beherrschen, und sich alles das, was andere besser können, per Handel besorgen. In einer reibungs-

Abb. 6: Zyklus-Modell der langen Konjunkturwellen nach Kondratieff

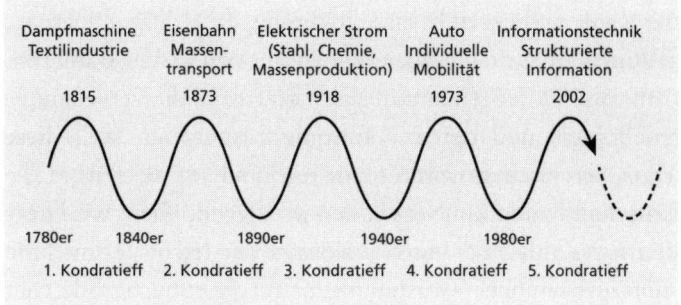

Dampfmaschine Textilindustrie	Eisenbahn Massen- transport	Elektrischer Strom (Stahl, Chemie, Massenproduktion)	Auto Individuelle Mobilität	Informationstechnik Strukturierte Information
1815	1873	1918	1973	2002

1780er	1840er	1890er	1940er	1980er
1. Kondratieff	2. Kondratieff	3. Kondratieff	4. Kondratieff	5. Kondratieff

Quelle: Erik Händeler, 2005

freien Welt und mit relativ einfacher Produktion ist das eine hervorragende Strategie, um national und global den maximalen Mehrwert zu erreichen; aber in der real existierenden Welt können damit ganze Volkswirtschaften in tiefgreifende Krisen stürzen, wie es derzeit gerade den finanzspezialisierten Briten passiert.

Die Schweiz ist wohl ein gutes Beispiel für Robustheit (wenn auch eher nicht übertragbar – die Schweiz ist kaum noch Teil der realen Welt, eher das Disneyland, nur in authentischer Version). Gerade weil die Abhängigkeit von der Wissensökonomie, insbesondere von den Finanzmärkten, nicht so dominant war wie etwa in England, konnte in der Schweiz der Schaden in der großen Krise 2008/2009 in Grenzen gehalten werden. Und dennoch haben viele Hightech-Firmen die Innovationskraft vorangetragen und die Gesamtwirtschaft gestützt. Gleichzeitig hat eine starke Industrie den Werkplatz weiterentwickelt. Nachhaltiger Mehrwert scheint eher in Abhängigkeitsverhältnissen generiert zu werden.

Ohne sich verbesserndes gegenseitiges Verständnis und Rücksichtnahme werden die Krisen vermutlich nicht asymptotisch, sondern exponentiell zunehmen. Diese brauchen mehr denn je eine gesellschaftliche Robustheit, also den synergetischen Einbezug der Verantwortung der Bürger und der Zivilgesellschaft. In diese Richtung, die richtige Richtung, zielt derzeit der »Big Society«-Ansatz von David Cameron, dem englischen Premierminister – dezentral, die Vernetzungstechnologie und deren Potenziale ausnützend, weil diese Vertrauen rasch generieren können, und auf die Bürger, die Community und die Nachbarschaft setzend. Wenn wir linear den Egoismus und Individualismus der letzten Jahrzehnte weiterdenken, wenn wir uns weiter auf die extremophile Welt zubewegen, werden solche Projekte insgesamt scheitern. Aber wir haben auch gelernt, dass es überall Grenzen gibt, die man nicht beliebig verschieben kann – wenn man überleben will.

Nur wenn der einzelne Bürger Verantwortung übernimmt, und zwar über alle Stufen der Einkommensklassen und Unterschiede hinweg, kann sich eine Nation regenerieren. »This is not about trying to save money, it is about trying to have a bigger, better society«, sagt Cameron zu Recht. Geld ist viel zu knapp, um die schnell wachsenden neuen Bedürfnisse und Wünsche zu befriedigen. Hier kann nur die Moral weiterhelfen, die beim Individuum in der modernen Gesellschaft ansetzt. Wer sich nur im ökonomischen Denken weiterbewegt, wird aus der Abwärtsspirale nicht herauskommen, weil er seine individuellen Vorteile sucht. »Every little helps«, so lautet der geniale Slogan der Supermarktkette Tesco. Genau darum geht es. Wenn die kleinen Schritte gelingen, kann das Ganze sich verändern.

Das ist der Fortschritt von Margaret Thatcher zu David Cameron. Thatcher sagte einfach: »Steh von deinem Sofa auf, individualisiere dein Leben und starte ein Geschäft, das genügt, weil es keine Gesellschaft gibt.« Heute sehen wir, dass diese Strategie in den frühen 1980er Jahren zwar durchaus brauchbar war, um einer völlig verkrusteten Gesellschaft einen Kick nach vorne zu geben, dass sie aber im zweiten Jahrzehnt des 21. Jahrhunderts bei weitem nicht genügt. Der Ansatz von Cameron hingegen impliziert die Übernahme der Verantwortung für die Community. Die Gesellschaft kehrt zurück. Auch in die Wirtschaft. Ohne aktive Bürger, Citoyens, werden die Anstrengungen für eine Revitalisierung nicht funktionieren. In England und in allen anderen westlichen Gesellschaften.

Kurz: »Mehr vom selben« heißt in der Extremophilie, dass wir nur noch palliative Maßnahmen ergreifen können, aber nicht mehr kurativ vorwärtskommen. Wollen wir das wirklich? Was auf den Finanzmärkten passiert, hat Signalwirkung: Würde hier Vernunft wieder einkehren und das heute »Normale« als das »Abnorme« erkannt, wäre das Age of Less erfolgreich machbar. Das hieße: nicht mehr um jeden Preis die Treiber der Wirtschaft zu spielen, die Disziplinierer und Liquidifizierer von Unternehmen und Staat, sondern die Diener und Dienstleister der Wirtschaft. Also in erster Linie Unternehmen mit Krediten versehen, damit sinnvolle Geschäfte und Investitionen getätigt werden können. Denn wir brauchen auch im Age of Less eine starke, selbstbewusste Finanzbranche – aber keine selbstgefällige.

Die Freuden der Ebene

Sehen wir auf den Zustand der Globalisierung und auf die westliche Welt, so ist der kleinste gemeinsame Nenner – nicht erst seit der großen Finanzmarktkrise von 2008/2009 – die Angst. Manager, Angestellte, Arbeiter, Unternehmen, Investoren sind angstgetrieben. Angst, den Return nicht zu erreichen, den Anforderungen nicht zu genügen, von jemand anderem verdrängt zu werden, die materielle und/oder soziale Existenzgrundlage zu verlieren. Für langfristige Überlegungen, wie man sich aus dem Klammergriff der Angst befreien könnte, fehlt der Mut – und zum Nachdenken hat man sowieso keine Zeit mehr. Also sourct man es out.

Verschiedene Untersuchungen weisen nach, dass in den mittleren Führungsetagen die Angst besonders groß ist, den Job zu verlieren. Das wäre für die Betroffenen fatal, denn die Fixkosten müssen getragen werden: Man hat sich ja gerade ein neues Haus gegönnt. Einen neuen Sportwagen. Und schöne Ferien in Asien. Da wollte man schon immer mal hin. Und der Sohn geht in eine Privatschule. Die Frau arbeitet Teilzeit und hat aufgestockt. Nicht ganz freiwillig. Gehen wir weiter nach unten in der Hierarchie, so steigt die Angst vor Ausländern. Oft ist sie diffus.

Angst ist keine Grundlage für eine erfolgreiche Zukunft. Das wissen wir natürlich. Aber wir sehen unsere Fixkosten (und oft auch unsere Schulden), wir sehen, wie viel (oder wie viel mehr) wir brauchen, um wie bisher weitermachen zu können, und wir sehen, dass neue Konkurrenten aus den Emerging Nations den Abstand zu uns verringern. Wir riechen den Abstieg – wie sollte man da keine Angst bekommen?!

Wer aufsteigt, hat eine ganz andere Grundstimmung. Nehmen wir São Paulo. In der größten Stadt Brasiliens, eines Landes, das wir gerne mit Stereotypen wie Fußball, schönen Frauen oder Samba versehen, ist überall Optimismus zu spüren. Ja, es gibt immer noch die wuchernden Elendsviertel am ausfasernden Rand der Metropole, die Viertel, in die sich selbst Polizisten nicht mehr hineinwagen, und die schon erwähnten *gated communities* der Oberschicht, die der Armut den Stacheldraht zukehren. Aber zwischen den Extremen wächst rasant die Mittelschicht, und die Mitte trägt den *mood*, das Stimmungsbild, nach oben. *Good vibes* sind in der Luft.

Auch bei uns gibt es vibrierende Orte. In den Zentren und an den touristischen Lagen der Großstädte spürt man wenig von Abstieg. New York scheint lebendig wie eh und je, Paris oder London oder Zürich sind auf der Oberfläche gleich geblieben, Barcelona oder Berlin werden Jahr für Jahr quirliger. In den Toplagen sind weiterhin Toppreise zu bezahlen. Luxus als große Sehnsuchtswelt funktioniert auch in Krisen, auch wenn er dann nicht mehr (ganz) so offensichtlich zur Schau gestellt wird. Sobald man aber das Zentrum verlässt und in die Quartiere hinausgeht, sind die Veränderungen rasch sicht- und greifbar. Ladenflächen stehen leer, viele Händler sind verschwunden, und es sieht nicht so aus, als würden sie wieder zurückkommen. Umnutzung ist das Stichwort. Oder Abriss. In Los Angeles kann man mit den neuesten Restaurantführern durch die Stadt laufen – und trotzdem vor verschlossenen Türen stehen; so hoch ist die Anzahl der Restaurants, die schon wieder geschlossen haben, weil sie pleitegegangen sind. Erfolg und Misserfolg sind sich sehr nahe gekommen.

Ist das die Wahl, vor der wir stehen? Erfolg oder Misserfolg? Aufstieg oder Abstieg? Boom oder Krise? Neubau oder Abriss? Eben nicht. Denn in dieser scheinbar so logischen Gegenüberstellung stecken zwei Denkfehler:

1. Es fehlt der Mittelteil. Zwischen Neubau und Abriss steht die gesamte Nutzungszeit einer Immobilie, sie kann dabei Dutzende, ja Hunderte von Transformationen durchlaufen, bevor sie wieder verschwindet. Jede Waage hat drei Zustände: Die Gewichte auf der rechten Seite können schwerer wiegen oder die auf der linken – oder die Waage ist im Gleichgewicht. In der Regel geht es bei einer Waage auch tatsächlich darum, diese Balance zu finden. Und auch uns sollte es darum gehen.

2. Der Bezugspunkt ist falsch. Der Aufstieg der Emerging Nations misst sich im gleichen Bezugssystem wie der Abstieg der westlichen Welt, nämlich dem System des Zahlenwachstums. Wir wissen heute, dass eine globale Welt selbst mit den optimistischsten Annahmen nicht den Lebensstil der Amerikaner oder der Schweizer oder der Deutschen übernehmen kann – also müssen wir das Bezugssystem ändern, müssen Konzepte und Lösungen entwickeln, um den Planenten einigermaßen lebbar zu halten.

Der Kapitalismus westlichen Stils in seiner heutigen Ausformung, der längst vom Produktions- zum Finanz- und Konsumkapitalismus mutiert ist, ist kein gangbarer Weg, um Wohlstand und Frieden für den Rest der Welt zu verwirklichen. Denn er beginnt erst zu reparieren, nachdem die Straßen, auf denen der Wagen fährt, schon gründlich zugrunde gerichtet sind. Deshalb ist es im eigenen Interesse der Emerging Nations, dass sie einen anderen Weg in die moderne Welt finden als den des Westens, nämlich einen von Beginn an wirtschaftlich, gesellschaftlich und politisch nachhaltigen Weg. Ob wir oder sie als Erste diesen Weg einschlagen, ist nicht so wichtig – am Ende werden wir ihn alle gemeinsam gehen müssen.

Ja, Aufsteigen macht Spaß. Und ebenfalls ja, Absteigen macht Angst. Aber es gibt eben auch einen dritten Weg: Umsteigen. Und der macht Sinn.

Wir können zwar sagen, dass wir die Welt nicht wesentlich verändern können, in der wir leben. Aber wenn wir das nicht können, so können wir sehr wohl die Sichtweise ändern, mit der wir Menschen, Dinge und unser Leben betrachten. Das ist das, was ich mit den »Freuden der Ebene« meine. Statt immer nur die mit Angst unterlegte Frage zu stellen: Wie viel bekomme ich?, weil ich tatsächlich mit der geltenden Sichtweise einfach immer mehr brauche. Mehr Geld. Mehr Rechte, weil die Ansprüche steigen. Das bringt automatisch den Schrei nach mehr Staat und nach mehr Markt. Der Staat soll garantieren, der Markt soll Wohlstand bringen, und die Nebenfolgen (ökologisch, sozial, politisch) werden erst dann aufgeräumt, wenn der Wohlstand erreicht ist. Nachhaltigkeit geht anders.

Viel entscheidender wird in der westlichen Welt deshalb die Leitfrage: Was brauche ich überhaupt? Diese Frage mag sich seltsam anfühlen, in ihr schwingt für unsere überkonsumierende Gesellschaft eine Prise Existenzminimum und Mindestlohn mit. Aber ihr zentraler Bestandteil ist ein ganz anderer – nämlich Selbsterkenntnis. Wenn wir darüber nachdenken, was wir tatsächlich brauchen, wenn wir unser Leben nüchterner betrachten, lernen wir vor allem etwas über uns selbst. So wie die deutsche Journalistin Meike Winnemuth, die 2009/2010 gleich einen doppelten Less-Selbstversuch durchführte: Ein ganzes Jahr lang trug sie jeden Tag dasselbe blaue Kleid; und sie trennte sich Tag für Tag jeweils von einem Gegenstand aus ihrem persönlichen Besitz, von Haarbändern über Souvenirs und Werkzeuge bis hin zu Schuhen. Ein wie auch immer geartetes Mangelgefühl stellte sich bei ihr an keinem der 365 Tage ein, und auch mit dem Aussortieren von Besitztümern hätte sie noch jahrelang weitermachen können, ohne größeren Trennungsschmerz zu empfinden.

Mehr Kontrolle über das eigene Leben zurückgewinnen – das ist die Verheißung für das Individuum, die Gruppe, die Gesellschaft. Wir haben in den letzten Jahren nur noch ein Argument gehört: TINA – »There is no alternative«. Wir müssen das so machen, denn sonst wachsen wir nicht. Wir verlieren Jobs. Schauen wir aber auf die multiplen Realitäten der letzten Jahre, so stellen wir vor allem fest: steigende Fixkosten reduzieren. Wir optimieren bestehende Systeme mit immer höheren Kosten und geringeren Erträgen. Von der Gesundheit über die Ernährung bis zur Freizeit. Und wenn die reale Entwicklung keine lebenswerte Lösung darstellt, ist »There is no alternative« nicht die richtige Antwort. Sondern »There must be an alternative«.

Noch ein anderes Beispiel: Viele Millionen Menschen in Europa sind Fußballfans, die meisten von ihnen »brauchen« Fußball. Aber angenommen, die Champions League käme ähnlich in Verruf wie die Tour de France oder wir könnten uns ihre Fixkosten schlicht nicht mehr leisten, weil sonst der Fußball als Ganzes nicht überleben würde. Würden wir dann, TINA, koste es, was es wolle, die Champions League weiter fortsetzen? Nein. Wir würden den Fußball schlicht auf der Topebene anders konstruieren. Und schon bald feststellen, dass niemand die Verrücktheiten braucht, die in den Topclubs täglich begangen werden; und dass niemand deswegen der Leidenschaft Fußball abschwören muss. Nicht einmal die Deutschen oder die Spanier. Die Engländer haben sich ja sowieso schon ans Verlieren gewöhnt.

Manches gibt es, das wir weniger oder gar nicht mehr brauchen. Das beginnt bei den Ideen – da haben wir es nämlich mit viel mehr Ideologie zu tun, als gut für uns ist. Denn

Ideologien wollen Herrschaft erreichen, indem sie bestimmte Werte zu den richtigen erklären und die falschen bekämpfen. Sie erklären die Welt und verlangen bestimmte Handlungen. Sie schaffen Feinde und vereinfachen. Das ist natürlich ein Vorteil in einer komplexen Welt, aber damit wird man dem Wandel in einer globalen Welt nicht mehr gerecht. Wir alle sind noch geprägt von fortlaufenden und in unseren politischen und wirtschaftlichen Debatten mitschwingenden Oppositionen wie Links gegen Rechts, Konservativ gegen Progressiv oder Liberal gegen Sozial. In den letzten Jahrzehnten hat sich die Diskussion auf die Einbahnstraße Deregulierung und Markt gegen »alles Übrige« eingeschossen. Es erschien als erwiesen, dass nur noch der Markt in allen gesellschaftlichen Bereichen das Heil bringt. Letztendlich lässt man alles fallen, Hauptsache, man wächst. Einer der großen Vordenker der nachindustriellen Welt, der kürzlich verstorbene Harvard-Sozialwissenschaftler Daniel Bell, hat schon in den späten 1960er Jahren erkannt: Im Westen ist Wachstum die letzte Religion geworden, weil sonst keine Kreativität, keine Visionen zur unkonventionellen Lösung von Herausforderungen vorhanden sind. Nun können wir diese Religion preisgeben – wir brauchen sie nicht mehr.

Ideen und Visionen brauchen wir natürlich immer noch. Balance anzustreben bedeutet ja nicht, auf ewigen Stillstand zu setzen. In der dynamischen Welt, in der wir leben, müssen wir uns bewegen, um unser Wohlbefinden zu halten oder gar zu steigern. Gemessen an den Aufsteigern aus den Emerging Nations bedeutet zudem auch ein leicht steigendes Wohlbefinden ja einen relativen Abstieg. Da wäre es unsere Chance, eine neue Balance von Wirtschaft (starke Märkte, fairer Wettbewerb, freie Konsumenten), Politik (starker Staat, starke Bürger) und Gesellschaft (Pflichten und Rechte) anzugehen.

Was gewinnen wir dadurch? Es kann in der westlichen Welt nur darum gehen, das Überleben der Menschen zu ermöglichen und sie von Zwängen zu befreien, die sie selbst nicht mehr beeinflussen können. Denn diese wachsenden Zwänge sind der Grund der Frustrationen und der ablehnenden Haltung gegenüber der Gegenwart, die immer weniger verstanden wird.

Wenn der Westen wirtschaftlich – relativ – weniger stark sein wird, darf er nicht auch noch politisch und sozial schwächer werden, sonst wird er das Age of Less nicht erfolgreich durchstehen. China ist heute politisch stark, wird wirtschaftlich stärker, aber ist gesellschaftlich fragil. Indien ist politisch fragil, wird wirtschaftlich stärker, aber ist gesellschaftlich stark. Niemand kann sagen, wie sich die Balance verändern wird in den Emerging Nations. Aber es ist klug, wenn der Westen seine eigenen Stärken und Schwächen besser reflektiert und die Folgen daraus zieht.

Auch wenn der Wandel in der westlichen Welt einer ungeheuren Anstrengung bedarf, so ist es ein vernünftiger Weg, um kommenden Frustrationen, ja dem Verlust des Friedens, unserem höchsten Gut, zu entgehen. Viele Anzeichen sind in sehr guten Ansätzen bereits vorhanden, ja weit vorangeschritten. Wenn es der westlichen Welt gelingen soll, den unausweichlichen – relativen – Abstieg in die Freuden der Ebene zu transformieren, dann sind dafür der Ausbau und die konsequente Weiterentwicklung dieser Ansätze insbesondere in vier Bereichen nötig: Ökologie, Demografie, Technologie und Verschuldung. Diese sollten wir uns auf den folgenden Seiten etwas genauer anschauen.

Ökologie

Wir sind Weltmeister im Hinausschieben. Seit den *Grenzen des Wachstums*, dem legendären Bericht an den Club of Rome aus dem Jahr 1972, wissen wir, dass es »so nicht weitergehen kann« – und machen trotzdem mehr oder weniger so weiter. Auch wenn dieses »so« ein sehr bewegliches Ziel ist: Mal ist es auf den Rohstoffverbrauch gemünzt, mal auf die Luftverschmutzung, mal auf Dioxin, mal auf FCKW, mal auf Atomenergie und mal, wie derzeit, auf den CO_2-Ausstoß. Dennoch sind all jenen Wellen und Trends, die die Ökologiebewegung in den vergangenen vier Jahrzehnten mitmachte, zwei Elemente gemeinsam. Wir betreiben einen verantwortungslosen Raubbau an den Lebensgrundlagen der Menschheit, und wir sollten mehr dafür tun, der nachkommenden Generation eine lebenswerte Welt zu hinterlassen. Aber ebenfalls gemeinsam ist all diesen Wellen, dass die praktische Umsetzung einer naturschonenden und menschenfreundlichen Politik weit langsamer vorangekommen ist, als es sinnvoll wäre – die Ideologie des Zahlenwachstums und die technokratische Illusion, wir könnten die Natur beherrschen, haben einen schnelleren Wandel verhindert.

Aber wir sind vorangekommen. In den 1970er und 1980er Jahren war die Ökologie noch eher ein Thema für intellektuelle Nischen und philosophische Reflexion: Der Wandel vom anthropozentrischen zum geozentrischen Weltbild wurde durchdacht, aber nicht vollzogen. Mit der Weltumweltkonferenz von Rio im Jahr 1991 kam die Ökologie auf Staatenebene an: Die Natur wurde als ein Faktor in die politische Entscheidungsfindung einbezogen – mit ursprünglich schwachem, aber immer weiter steigendem Einfluss. Im vergangenen Jahrzehnt schließlich kam die Ökologie auch auf der Unternehmensebene an. Allerdings hat sie dabei einen Bedeutungs- und Begriffswandel erfahren. Mit dem politisch in den meisten Staaten im linken Spektrum verorteten Begriff Ökologie tun sich die meisten Konzernlenker weiterhin schwer, sie präferieren den Begriff »Nachhaltigkeit«. Er ist inhaltlich etwas breiter angelegt, da er insbesondere auch soziale Belange umfasst, doch an den gleichen Grundsätzen orientiert: weniger Raubbau, mehr Sorge für zukünftige Generationen.

In der westlichen Welt ist Nachhaltigkeit inzwischen ein fester und nicht mehr wegzudenkender Bestandteil vieler Unternehmen. Das Konzept der Nachhaltigkeit stellt sich dort heute als Sammelbecken für unterschiedlichste Problemfelder dar – neben Umweltschutz und Energiesparmaßnahmen unter anderem noch Armutsbekämpfung am Ursprung der Lieferkette sowie Gesundheitsförderung für Mitarbeiter. Selbst die große Krise 2008/2009 hat dem Bewusstsein der Notwendigkeit kluger Nachhaltigkeitsstrategien nicht wirklich Abbruch getan. Zwar handelt es sich noch immer häufig eher um Lippenbekenntnisse als um selbstverständliche Praxis – und manchmal sogar bloß um Marketing-Geschwätz. Dennoch wissen alle Führungskräfte, dass es »so nicht weitergehen kann« und dass ihren Unternehmen gravierende Probleme drohen, wenn sie gegen ökologische oder soziale Standards verstoßen.

Wir können dabei sicherlich noch viel verbessern. Den weitaus größeren positiven Effekt können wir aber erzielen, wenn wir die Nachhaltigkeit dort vorantreiben, wo sie noch am wenigsten verankert ist: in den Emerging Nations. Dort fällt auf, sicher nicht zufällig, dass die Jüngeren dagegen protestieren, dass die ältere Generation ihnen die Lebenschancen wegnimmt: In Städten wie São Paulo oder Istanbul sind Luftverschmutzung und Abfall ein sicht- und riechbares Problem, und die jungen Menschen sehen, dass ihre Generation für die Fehler und Leichtsinnigkeiten wird aufkommen müssen. Es handelt sich dabei faktisch um eine Art Outsourcing von Kosten durch die ältere Generation – um im globalen Wettbewerb besser bestehen zu können (wovon im Prinzip auch die Jüngeren profitieren können), aber auch, um sich durch Substanzverzehr das eigene Leben zu verbessern. Der Friede zwischen den Generationen ist eines der wichtigsten Argumente für eine nachhaltige Politik. Selbst wenn im schlimmsten Falle etliche Maßnahmen umgesetzt werden, die ökologisch nicht eindeutig positiv zu beurteilen sind, so sind die positive Stimmung und der positive Einsatz ein Zeichen dafür, dass die Menschen nicht mehr bereit sind, jeden Unsinn mitzumachen.

Eine dauerhaft überlebensfähige Gesellschaft kann nur eine nachhaltige Gesellschaft sein. Wir sind noch ein großes Stück Wegs davon entfernt, unsere Wirtschaft ohne Substanzverzehr zu gestalten, weder auf Kosten der Natur noch auf Kosten kommender Generationen zu leben. Der eingeschlagene Weg ist der richtige, und auch die Geschwindigkeit nimmt zu – zum Teil aufgrund von Einsicht, zum Teil aufgrund von Druck durch Konsumenten oder Wähler und zum Teil aufgrund von Katastrophen. Die Menschen lernen leider immer noch dann am ehesten, wenn etwas passiert. Unglücke wie in Fukushima zwingen dazu, nicht im alten Trott das – scheinbar – Erprobte, Billige, Kontrollierbare weiter zu forcieren, sondern in Alternativen zu investieren. Je mehr und länger wir auf »Mehr vom selben« setzen, desto häufiger werden wir auf die harte Tour lernen müssen, dass es »so« nicht weitergehen kann. Dann doch lieber gleich anders.

Demografie

Man sagt: »Demografie ist Schicksal.« In armen Ländern wächst die Bevölkerung, in reichen Ländern schrumpft sie, was die einen an Kindern zu viel haben, haben die anderen zu wenig. Für Horrorszenarien ist in fast jedem Land Stoff zu finden: Russland wird bis 2050 weniger Einwohner haben als die Türkei, und Deutschland schafft sich ab: Wenn die derzeitigen Geburtenraten noch 400 Jahre anhalten, sind die Deutschen rein rechnerisch ausgestorben. Aber auch wenn die Demografen es gewöhnt sind, viele Jahre im Voraus zu rechnen, so weit wagen sie sich denn doch nicht vor, in den meisten Ländern reichen die offiziellen Bevölkerungsprognosen derzeit bis 2050 oder 2060.

So exakt diese Prognosen auch daherkommen, sie sind natürlich mit gehörigen Unsicherheiten behaftet. In der Regel arbeiten Demografen mit der Fortschreibung der bisherigen Trends für Fruchtbarkeit, Sterblichkeit und Migration. Was auf kurz- und mittelfristige Sicht durchaus brauchbare Resultate liefert, langfristig aber regelmäßig danebenliegt – es gibt nun einmal nicht viele Trends, die vier oder fünf Jahrzehnte halten. Nur zwei Beispiele dafür: In allen Industriestaaten lagen die Bevölkerungsprognosen, die in den 1950er Jahren gemacht wurden, weit über den später tatsächlich erreichten Werten – die Demografen hatten den damaligen Babyboom einfach fortgeschrieben und nicht geahnt, dass durch die Antibabypille die Geburtenzahl drastisch sinken würde. Umgekehrt lagen die Prognosen aus den 1980er Jahren für Deutschland deutlich zu niedrig: Im Jahrzehnt nach dem Fall des Eisernen Vorhangs stieg die Einwohnerzahl um etwa drei Millionen – vorwiegend durch Einwanderer aus Osteuropa.

Diesen Hinweis vorausgeschickt, lassen sich doch zumindest mittelfristig einige recht verlässliche Aussagen treffen. In den kommenden drei Jahrzehnten dürften sich demnach zwei bereits aktuelle demografische Probleme noch deutlich zuspitzen: einerseits die große Bevölkerungszunahme in den armen Ländern, vor allem in Afrika, andererseits die Alterung der Bevölkerung in den reichen Ländern, wo die geburtenstarken Babyboomer-Jahrgänge erst ins Renten- und dann ins Greisenalter kommen. Danach, etwa ab 2050, sollte aber eine Normalisierung eintreten mit einer sich stabilisierenden Weltbevölkerung. In dem Maße, in dem in den schnell wachsenden armen Ländern der Lebensstandard zunimmt, nimmt die Geburtenzahl ab. Im Mittleren Osten beispielsweise lag die durchschnittliche Kinderzahl pro Frau 1960 bei sieben – im Jahr 2000 waren es noch drei, Tendenz sinkend. Ähnlich drastische Rückgänge verzeichneten auch die Emerging Nations in Lateinamerika, Nordafrika und Südasien.

Vor einer globalen Bevölkerungsexplosion müssen wir uns also nicht fürchten. Und vor der »Überalterung« sollten wir uns nicht fürchten: Eine älter werdende Welt und eine älter werdende Gesellschaft haben auch viele Vorteile: weniger Aggression und mehr Erfahrung, Entschleunigung und höhere Glücksfähigkeit. Jüngere Gesellschaften denken eher an sich, ältere Gesellschaften eher an ihre Kinder – und das werden wir brauchen, um auch kommenden Generationen noch Handlungsspielräume zu gewähren. Jüngere Gesellschaften sind reproduktiver und risikobereiter – und das werden wir im Age of Less nicht brauchen.

Die Furcht, dass wir uns die Altenschwemme der kommenden Jahrzehnte ökonomisch nicht leisten können, klingt sehr berechtigt, wenn wir die heutigen sozialen Systeme auf die Altersstruktur des Jahres 2040 anwenden. Aber natürlich werden sich diese sozialen Systeme bis dahin noch wandeln. Insbesondere von der über lange Zeit so strikten oberen Altersgrenze der Erwerbstätigkeit wird dann nicht mehr viel übrig sein. Ob die alten Erwerbstätigen dann eher aktiv sind, um ihre karge Rente aufzubessern, oder eher, weil es ihnen Freude macht, hängt nicht zuletzt davon ab, wie gut die Gesellschaft dann ökonomisch und sozial dasteht: Wenn wir bis dahin alles falsch machen, müssen wir im Alter so lange arbeiten, wie wir können. Und wenn wir alles richtig machen, werden wir im Alter so lange arbeiten, wie wir wollen.

Demografie ist Schicksal? Nein, Demografie ist Chance.

Verschuldung

Der Hebel ist eines der ältesten Werkzeuge der Menschheit. Je größer der Hebel (physikalisch gesprochen: das Verhältnis zwischen Kraftarm und Lastarm), desto mehr verstärkt er die wirkende Kraft. »Gebt mir einen festen Punkt im All, und ich werde die Welt aus den Angeln heben«, tönte schon der antike Archimedes. In der Physik gibt es rein rechnerisch keine Grenze für diese Hebelwirkung – und in der Finanzwirtschaft wurde in den vergangenen Jahrzehnten so getan, als gäbe es dort auch keine Grenzen. »Leverage« heißt das Zauberwort, durch das Investoren mit jedem Dollar eigenem Einsatz Dutzende oder gar Hunderte Dollars bewegen können. Der Hedgefonds Long Term Capital Management (LTCM) beispielsweise hatte im August 1998 bei einem Eigenkapital von 2,1 Milliarden Dollar offene Derivate-Engagements von 1,25 Billionen Dollar, also eine 600-fache Hebelwirkung. Über einige Jahre hatte LTCM seinen Investoren Renditen von 30 bis 40 Prozent pro Jahr eingebracht – aber in jenem August 1998 brachte die Schieflage dieses einen Fonds das globale Finanzsystem an den Rand des Zusammenbruchs. Da zeigte sich die Kehrseite des Leverage-Effekts: Denn die Hebelwirkung wird ja nicht durch Zauberei erzeugt, sondern durch Schulden. Je größer mein Hebel, desto größer mein Verlustrisiko (aber natürlich auch meine Gewinnchance), und desto größer auch das Risiko meiner Gläubiger, ihr geliehenes Geld nicht zurückzubekommen.

Anstatt aus dem LTCM-Kollaps die Lehre zu ziehen, in Zukunft den Leverage und damit die Verschuldung zu begrenzen, ging es im Kasino schon bald wieder hoch her. Lehman Brothers hatte zehn Jahre nach LTCM eine offizielle »Leverage Ratio« von 30,7, inoffiziell sogar doppelt so hoch. Bei solch großen Hebeln reichen schon verhältnismäßig kleine Erschütterungen, um einen Weltkonzern ins Wanken zu bringen – und wenn dessen Konkurrenten ähnlich hoch gehebelt sind, geraten sie automatisch mit ins Wanken. Im Herbst 2008 war es dann so weit.

Der Leverage ist dabei nicht nur ein Problem von Finanzspekulanten, sondern auch von Staaten, Firmen und Privatpersonen. Viele von ihnen haben in den vergangenen Jahrzehnten ihre Verschuldung massiv erhöht. Geld wurde immer billiger, Sparen immer unattraktiver – und nicht nur für Politiker ist es allemal verlockender, Geld auszugeben, als es einzusparen. Heute sehen wir, dass wir die Verschuldung nicht mehr handhaben können. Zu komplex, zu abstrakt und zu groß sind die Volumina. Die Extreme halten nicht durch. Wieder einmal.

Seither ist im globalen Finanzsystem »Deleveraging« angesagt. Schuldenextreme bei Banken, Industrieunternehmen und Privathaushalten werden abgebaut, zurück zu nachhaltig verkraftbaren Schuldenstrukturen. Das bedeutet weniger Kredite auf der einen Seite, aber auch weniger Horten auf der anderen. Denn das andere Extrem des Anhäufens von sehr viel Kapital bei Firmen, Privaten oder Staaten führt ebenfalls zu perversen Effekten. Ökonomische Sicherheit entsteht nicht durch Dagobert-Duck-artiges Häufen von immer größeren Privatvermögen, auch so ein Sport der letzten 30 Jahre.

Die Vernunft liegt auch hier in einer starken Mitte, im Maßhalten fernab der Extreme. »Deleveraged Lifestyles« können
dazu beitragen: Menschengerechte Lebensstile werden sich
im Age of Less dadurch auszeichnen, dass sie nicht mehr auf
Kosten der Zukunft gestaltet werden, ob ökologisch oder
finanziell.

Technologie

In elf Jahren ist alles vorbei. Dann werden wir nämlich
»über die technologischen Mittel verfügen, um übermensch-
liche Intelligenz zu schaffen. Wenig später ist die Ära der
Menschen beendet.« So zumindest die Prognose des US-Wis-
senschaftlers Vernor Vinge aus dem Jahr 1993. Denn sobald
der Fortschritt der Technologie so weit ist, dass wir Maschinen bauen können, die intelligenter sind als wir, sind wir
raus aus dem Spiel – denn die nächsten, noch intelligenteren
Maschinen werden dann natürlich nicht mehr von uns ge-
baut, sondern von den Maschinen, die uns überholt haben.

Je nachdem, wie und womit man rechnet, kann man auch
zu anderen Jahreszahlen kommen, die diese »technologische
Singularität« markieren, jenen Moment, in dem die Technologie die Macht übernimmt und uns programmiert. Solche
Rechnungen von Futurologen sind gleich ein doppelt hervor-
ragendes Beispiel für die Probleme, die sich bei Zukunfts-
prognosen stellen. Viele Forscher schreiben einfach die bestehenden Trends und Wachstumsraten weiter fort – so weit,
bis sie damit hinreichend spektakuläre Ergebnisse produzieren, die sich dann publizieren lassen. Das Ergebnis ist regelmäßig, dass es so wie bisher nicht weitergehen kann. Aber davon war ja ohnehin niemand ausgegangen. Jeder Trend geht
früher oder später zu Ende, jedes exponentielle Wachstum
endet irgendwann, ob in einer Katastrophe oder in einem ge-

mächlichen Abbremsen. Und von diesem Bruch- oder End-
punkt lässt sich zwar sehr genau sagen, dass er kommen wird
– aber nur sehr ungenau, wann und wie.

Bis die Technologie *die* Macht über die Menschheit übernimmt, wird es sicherlich noch mehr als elf Jahre dauern,
wenn es überhaupt jemals passiert. Was aber bereits passiert:
dass die Technologie uns beeinflusst – dass nicht nur wir sie
programmieren, sondern auch sie uns programmiert. Nehmen wir als Beispiel die Mediennutzung. Wer mit dem Leit-
medium Fernsehen aufgewachsen ist, hat im Schnitt eine viel
passivere Einstellung zu dem, was in der Welt passiert, als
jemand, dessen Leitmedien Internet oder Smartphone heißen.
Die Social-Media-Generation kommuniziert anders als die
Mass-Media-Generation – Menschen und Gesellschaften verändern sich durch Technologie genau so, wie wir die Technologien verändern.

Entscheidend ist also nicht, was vielleicht irgendwann einmal grundlegend anders sein wird, sondern wie wir mit dem
umgehen, was heute und morgen unseren Alltag begleitet.
Und da wird im Age of Less mehr denn je der gute Gebrauch
der Technologie im Mittelpunkt stehen. Technologie ist kein
Selbstzweck, für den man am Erstverkaufstag Schlange steht,
sondern ein Diener zur Bewältigung unserer alltäglichen Herausforderungen. Age of Less heißt deswegen nicht unbedingt
»weniger Technologie«, sondern »menschlichere Technologie«. Ob diese dann mehr oder weniger, teurer oder billiger
ist, darf gerne der Markt entscheiden.

Egal wie gut oder schlecht wir uns in diesen und anderen
Feldern in der Ebene jenseits des Zahlenwachstums zurecht-
finden: An den traditionellen Maßstäben gemessen wird die
Wertschöpfung abnehmen. Wobei uns das wiederum ziemlich egal sein kann. Die bildliche Vorstellung, dass dabei tatsächlich Werte geschöpft werden, passt immer weniger zu den

eher erschöpfenden Produktionsprozessen, mit denen wir es in der Welt des »Mehr vom selben« zu tun haben. Wichtig für uns sollte deshalb nicht so sehr die Wertschöpfung sein, sondern die Wertschätzung. Dank Vernetzung, Kokreativität und gemeinsamem Lernen können wir die Produktions- und Interaktionsprozesse viel robuster gestalten, können regionale, überregionale und internationale Partnerschaften eingehen und dadurch den Wert des Lokalen neu entdecken. So können die Menschen selbst dazu beitragen, ihr Leben zu gestalten und die Außensteuerung, die hohen Fixkosten und angstgetriebenen Verhaltensweisen auf ein erträglicheres Maß zu reduzieren.

Und vor allem: Wir können die Risiken abstrakter, scheinbar globaler Systeme reduzieren auf überschaubarere Verhältnisse. Und auf geteilte Verantwortung. Das Ziel ist es nun nicht mehr, ein »smart ass« zu sein, also die Unwissenheit oder »Dummheit« der anderen auszunützen zum kurzfristigen eigenen Vorteil. Wir sitzen alle im selben Boot. Den berühmten Satz von Milton Friedman können wir nun vernünftig zu Ende formulieren: »The business of business is more than just business.«

So können wir auch getrost der Aufforderung nachkommen, die heute bei Managerveranstaltungen so häufig gepredigt wird: Verlassen Sie Ihre Komfortzone! Das sagt sich so einfach, auch wenn es andersherum stimmt, als die Veranstalter sich das vorstellen. In der Tat werden wir Komfort im Age of Less neu definieren. Wir werden uns von einigen Komfortzonen verabschieden müssen. Oder besser: nicht verabschieden müssen, sondern verabschieden wollen. Zu viel Komfort, auch das haben wir in den letzten Jahren gelernt, macht uns nicht überlebensfähig, sondern träge und gleichgültig. Und damit noch mehr abhängig von Dingen, die wir nicht mehr beeinflussen können.

Bequemlichkeit, sehr nahe bei Gleichgültigkeit, ist der Hauptfeind. Der aus Ungarn stammende US-Ökonom Tibor Scitovsky (1910–2002) hat die wunderbare Formel geprägt: »Comfort gained, pleasure lost.« Sie gilt für den Kontext des Age of Less unumwunden. Wir stecken zu tief im *Convenience-, Comfort- und Casual*-Rausch und kommen darum nicht über das Extrapolations- und »Mehr vom selben«-Denken hinaus. Nach Albert Einstein besteht Wahnsinn darin, dasselbe immer wieder und wieder zu tun und andere Resultate zu erwarten. Damit werden wir immer abstrakter, hüllen uns in unseren Komfortzonen ein und lösen uns von den konkreten Herausforderungen, die uns weiterbringen. Der soziale Reichtum, der über die neuen Netzwerke möglich wird, kann zumindest Abhilfe schaffen. Auch wenn wir dafür alte illusionäre Vorrechte verlieren. Es gibt – viel – Schlimmeres.

ZEHN UNANGENEHME WAHR-
HEITEN DES AGE OF LESS

»What are you doing after the orgy?«
Jean Baudrillard, 1986

Die kommenden Veränderungen eröffnen zwar neue Potenziale, aber manche klingen auch unangenehm und sind es oft auch. Wir müssen so handeln lernen, als ob uns die Zukunft etwas anginge: *How to run the economy as if the future matters*, lautet der treffende Untertitel des Buches *The Economics of Enough* von Diane Coyle. Zehn solcher Konsequenzen, die sich kein Politiker gerne in sein Wahlprogramm schreiben würde, führe ich hier auf. So unangenehm sie klingen mögen, sie sind sowohl unausweichlich als auch sinnvoll.

1. Weniger Geschwindigkeit

Im Bruch mit der bisher vorherrschenden Investmentbankerlogik kommt es nicht so sehr darauf an, wie schnell wir handeln, als vielmehr, in welche Richtung wir uns bewegen. Wer den *speed kick*, den Geschwindigkeitsrausch, braucht, soll ihm in abgegrenzten Reservaten wie Kasinos oder Rennstrecken frönen, wo man damit keinen Schaden anrichten kann. In der Realwelt könnten regelmäßige Dopingkontrollen für Topmanager und -trader die Rückkehr zum normalen Tempo befördern.

2. Weniger Eroberungen

Die Welt ist – für die westliche Perspektive – erobert. Wir haben alle Kriege geführt, die wir gewinnen konnten, und das letzte Stück Land, das noch physisch zu erobern war, haben wir bereits 1969 betreten: den Mond. Danach haben wir unsere abendländische Vormachtstellung in der G7 oder G8 ausgelebt und aus der historischen Konstellation die maximalen Vorteile herausgeholt, solange es ging. Jetzt sind Kolonialismus und Postkolonialismus definitiv zu Ende. Für Abenteurer, die noch etwas entdecken wollen, wenn die gesamte Welt schon erforscht und vermessen ist, bleibt da nur der Blick in die Vergangenheit: zu vergrabenen oder vergessenen Schätzen. Oder in die Innerlichkeit: Entdecke dich selbst.

3. Weniger Wertschöpfung

Eine der Lebenslügen des Finanzkapitalismus war es, dass bei freiem, dereguliertem Kapitalverkehr das Kapital dorthin strömt, wo es die meiste Wertschöpfung bringt. Gemeint war dabei immer nur: Shareholder-Value, Wert für den Anteilseigner. Und auch diese Werte wurden oft gar nicht erst geschaffen – ganze Branchen wie die Dotcoms 2000 oder die Finanzindustrie 2008/2009 mutierten von Wertschöpfungs- zu Wertvernichtungs-Champions. Und wo sie doch realisiert wurden, beruhten sie ebenfalls zu einem guten Teil auf Substanzvernichtung. Der Wertillusion, die wir uns damit vorgegaukelt haben, werden wir uns im Age of Less langsam wieder entziehen müssen.

4. Weniger Arbeitsteilung

Am Grad der Arbeitsteilung erkenne man den Entwicklungsstand einer Gesellschaft, schrieb einst Karl Marx. Auch wenn es sich dabei um eine seiner haltbareren Erkenntnisse handelte, nach gut 150 Jahren verliert sie ihre Geltung. Man kann es mit der Spezialisierung auch übertreiben, und wir haben es übertrieben. Wir werden ein neues, ein gesundes Verhältnis zwischen Arbeitsteilung und Generalisierung finden müssen – und uns dabei langsam von dem Gedanken entwöhnen, dass es ein Rückschritt wäre, Dinge wieder selbst zu erledigen, die früher von Spezialisten erledigt wurden.

5. Weniger Produktion

Wenn wir unseren Lebensstil massiv dematerialisieren (was wir müssen, um die Erde dauerhaft bewohnbar zu halten), werden auch Stoffströme und Güterproduktion massiv abnehmen. Gäbe es beispielsweise nur noch Carsharing, bräuchten wir deutlich weniger (und deutliche robustere) Autos – ohne dass uns deshalb etwas fehlen würde. Wir werden uns in allen Bereichen von der Tonnen-Ideologie verabschieden müssen, an der schon die kommunistischen Misswirtschaften scheiterten.

6. Weniger Kredit

Das Blasen-Zeitalter hat Staaten, Unternehmen und Bürger dazu verleitet, immer mehr auf Pump zu leben – die (möglichen) Erträge von morgen schon heute zu verprassen: Wir leben heute mit einer gigantischen »unsichtbaren Wolke«. Die Schuldenmonster auf ein verträgliches Maß zurückzuschneiden ist eine Aufgabe für Jahrzehnte. Stellen wir uns dieser Aufgabe aber nicht, kann es auch ganz schnell gehen: mit einer Hyperinflation oder einer Kettenreaktion von Bankrotten, die das globale Finanzsystem implodieren lässt.

7. Weniger Erwerbsarbeit

Wenn weniger produziert wird und wieder mehr selbst gemacht wird, ist es fast zwangsläufig, dass das Gesamtvolumen an bezahlter Arbeit ebenfalls sinken wird. Auch von Innovationen dürfen wir uns da keine Trendwende erwarten: Wie viele Arbeitskräfte brauchte es, um Facebook zu einem globalen Player zu machen? Ein paar Hundert. Wie viele Arbeitskräfte braucht es, um das iPhone herzustellen? Nur wenige Tausend. Ein Zurück zu den arbeitskräfteintensiven Großkonzernen mit Hunderttausenden von Beschäftigten wird es sowieso nicht geben. Die Erwerbsarbeit wird sich deutlich aus jenem Lebensmittelpunkt herausbewegen, den sie im 20. Jahrhundert innehatte – und es liegt an uns, das zu einem Segen zu machen, nicht zu einem Fluch.

8. Mehr Staat

Ich bin kein Anhänger von »viel Staat«. Aber eine starke Wirtschaft ist nur überlebensfähig, wenn sie einen durchsetzungsfähigen Rechtsstaat hat. Ein Megatrend Deregulierung erzwingt automatisch einen Gegentrend Reregulierung. Auch in einer Google- und IMF-Welt ist daher der Nationalstaat als ordnende Einheit noch nicht überwunden. Wir müssen vermutlich nochmals mindestens drei Jahrzehnte warten, bis wir das Thema »Ende des Nationalstaates« wieder auf die Agenda setzen können. Der das Gegenteil predigende Marktfundamentalismus wird sich als historischer Irrweg einer Jahrtausendwendezeit herausstellen. Die Anarchie des abstrakten Marktes ist nur in Ansätzen und unter sehr spezifischen Voraussetzungen eine ordnende Kraft, überlebensfähige Strukturen und nachhaltige Institutionen schafft er alleine nicht. Zudem ist der starke Staat, der eine produktive und prosperierende Wirtschaft ermöglicht, eine europäische Stärke im Vergleich mit vielen Emerging Nations, die zuerst noch die unsicheren Pfade zwischen Wirtschaft, Politik und Gesellschaft navigieren lernen müssen. Dafür müssen wir es allerdings schaffen, den staatlichen Institutionen wieder den Respekt entgegenzubringen (und den Spielraum einzuräumen), den sie verdient haben. Wie viel Staat wir letztendlich brauchen, hängt von der Stärke der Zivilgesellschaft und der moralischen Verfasstheit der Marktakteure ab.

9. Weniger Fortschritt

Zumindest wenn man dafür die üblichen Kennzahlen nimmt, wie etwa Patentanmeldungen oder Investitionen in Hightech-Branchen, ist auch dort das Ende des Zahlenwachstums erreicht. Was aber noch lange nicht heißt, dass wir deshalb nicht mehr vorankommen: Wenn Eltern wieder mehr Zeit mit ihren kleinen Kindern verbringen können, ist das nicht nur für die Familie, sondern auch für die Gesellschaft ein Fortschritt. Wir sollten uns im Age of Less daran gewöhnen, dass Fortschritt nichts abstrakt Messbares ist, sondern etwas konkret Fühlbares.

10. Mehr Pflichten

Wir haben Bedenkenlosigkeit geübt. Wir haben die Spitze der Permissivität erreicht, indem wir praktisch alle Pflichten abgeschafft haben, die in gut funktionierenden Gemeinwesen Geltung hatten. Die westliche Welt definiert sich heute mit Vorliebe über »Abbau«-, »Abschaffungs«-, »Ausschaffungs«-Programme. Doch das genügt nicht. Wir können nicht nur verhindern, wir müssen auch positiv aufbauen. Das geht nur über eine Neuevaluation von Rechten und Pflichten.

2. WIE WIR DAMIT UMGEHEN

»Der Mensch ist frei geboren und liegt doch überall in Ketten«, heißt es bei Jean-Jacques Rousseau. Diese Ketten haben unsere Vorfahren im 18. und 19. Jahrhundert gesprengt. Doch wir haben uns neue angelegt: goldene Ketten. Sosehr sie auch glitzern, wir schleppen sie mit, als Bürde, die immer schwerer zu (er)tragen ist.

Um es zu unterstreichen: Wir sind heute in immer mehr Lebensbereichen »over«: »overconsumed«, »overspent«, »overstored«, »overstressed«, »overworked«, »overeaten«. Und wir tun uns trotzdem schwer, dagegen anzukämpfen.

Die linke Gesellschaftskritik bezeichnet diesen Zustand als »Terror der Ökonomie« (Viviane Forrester) oder gar als »ökonomischen Totalitarismus« (Claude Polin), der die Menschen zu Verhaltensweisen zwingt, auf die sie sich nur noch um des vermeintlichen Wohlstandes willen überhaupt einlassen. Man denke an die horrenden Fixkosten, die heute die Familien haben. Man denke an den riesigen Aufwand, den wir betreiben, um marginale zusätzliche Glücksmomente erleben zu können. Oder an das Gesundheitswesen, das vielleicht am symptomatischsten ist. An Fragen wie die, ob ein Medikament mit Aussicht auf Erfolg, das aber pro Patient Hunderttausende von Euros kostet, Sinn macht oder nicht.

Aber es ist nicht »das System«, es sind nicht finstere Verschwörer, die uns manipulieren und uns die goldenen Ketten angelegt haben: Es sind wir selbst. Wir sind eigentlich frei, das zu tun, was uns wirklich wichtig scheint; aber wir tun es nicht. Zum einen, weil es von uns die Bereitschaft zu einem grundlegenden Wandel erfordert – und das schmerzt. Denn damit gehen viele Sicherheiten und Gewohnheiten verloren. Weglassen, aufgeben, sich zurückziehen, ja selbst budgetäre Einschränkungen sind nicht einfach, das gilt für Staatshaushalte genauso wie für private Budgets. Und zum anderen, weil wir die Alternative nicht sehen: Was sollen wir machen, wenn wir schon ganz oben angekommen sind?

Wir haben ein so hohes Niveau erreicht, dass selbst die Armutsgrenze in westlichen Nationen beim hochauflösenden TV angekommen ist. Viele Menschen wissen schlicht nicht mehr, was sie eigentlich wollen sollen. Menschen gehen einkaufen, um sich inspirieren zu lassen. Nicht mehr, um ein Problem zu lösen. Why not? Das ist die Antwort auf alle nur erdenklichen Wünsche und Bedürfnisse. Marketing und Werbung haben in den letzten Jahrzehnten einen Superjob gemacht. Expect more! – Aber was eigentlich? Wir sind heute fast schon zu Laborratten geworden: hochgezüchtet, hypersensibel und desorientiert.

Wenn die Ökonomie uns keine Antwort mehr gibt, werden wir uns selbst daranmachen müssen, sie zu finden. Wir sind quasi zur Freiheit verurteilt. Materiell sind wir dazu besser in der Lage als je eine Generation vor uns. Es fehlt nicht an Geld, wir haben mehr als Überfluss, eher schon Überdruss. Wir können uns ganz einfach dem allzeitkonsumistischen »Why not?« entziehen und stattdessen fragen: Why? Wir müssen dem Gold, aus dem unsere Ketten geschmiedet sind, nicht hinterhertrauern – wir können die Befreiung genießen, wenn wir sie sprengen. Lebensentwürfe auf einer solchen Basis zu entwerfen müsste eigentlich nicht schwierig sein. Alles ist schon da.

Das Mehr im Weniger

Graf Rudolf von Schönburg erzählte kürzlich ein kleines Detail aus den frühen Jahren des Hotels »Marbella Club«, an dessen Aufstieg zum Treffpunkt des internationalen Jetsets er seit 1956 als Hoteldirektor maßgeblichen Anteil hatte. In jenen späten 1950er Jahren habe es in dem Landstrich am südlichen Ende Europas, den wir heute als »Costa del Sol« kennen, genau zwei Telefonleitungen gegeben – und im Hotel eines der wenigen Telefone weit und breit. Einwohner aus der Umgebung, die telefonieren wollten (eine Idee, auf die damals natürlich nur Angehörige der Oberschicht kommen konnten), kamen deshalb zum Hotel, wo sie dann eine oder mehrere Stunden auf ihre Verbindung warten mussten. »Das gab ihnen ausreichend Zeit, um zu schwimmen, Tennis zu spielen, zu essen oder Bridge zu spielen. Das trug zur angenehmen Atmosphäre im Club bei – und brachte zusätzliches Einkommen.«

Telefonsharing als Geschäftsmodell, das würde wohl heute niemandem mehr einfallen. Aber diese alte Geschichte gibt zumindest einige Hinweise darauf, dass ein Age of Less nicht als eine Epoche des Mangels wahrgenommen werden muss, sondern auch bereichern kann – alle mental und einige auch materiell. In einem System allmächtiger Märkte hingegen, in dem sich alles kaufen lässt, lässt die Wertschätzung für Menschen im gleichen Ausmaß nach, wie die für Geld zunimmt; bis hin zu Zynismen wie dem von Randy Newman:

They say that money can't buy love in this world.
But it'll get you a half-pound of cocaine

And a sixteen-year old girl
And a great big long limousine on a hot September night.
Now that may not be love. But it is all right.

Vielen Menschen fehlt inzwischen die Erkenntnis, dass es Dinge – und Menschen – gibt, die man nicht kaufen kann. Prototypisch hierfür steht (neben den Investmentbankern natürlich) der US-Ökonom Gary Becker, der Tätigkeiten wie Kindererziehung und Zustände wie Verliebtheit mit wirtschaftswissenschaftlichen Methoden untersucht. Wann immer es »um die Ressourcenverteilung oder die Wahl in einer Knappheitssituation geht«, könne die Ökonomie mit ihren Nutzenfunktionen, Indifferenzkurven und Grenzerträgen hilfreich sein. Aber man kann eben nicht das gesamte menschliche Dasein in das Prokrustesbett des Homo oeconomicus zwängen. Nicht nur die Liebe, sondern auch Glück und Zufriedenheit befinden sich in einem anderen Koordinatensystem als Geld und Besitz. Auf volkswirtschaftlicher Ebene gibt es zwar einen deutlichen Zusammenhang zwischen steigenden Einkommen und steigendem Glück – aber nur so lange, bis alle elementaren Grundbedürfnisse befriedigt sind. Alle weiteren Einkommenszuwächse zeigen keinerlei statistischen Zusammenhang mehr mit dem Glückszustand einer Nation.

Der Schweizer Ökonom Mathias Binswanger hat diesen Nichtzusammenhang am Beispiel der Amish People verdeutlicht, einer christlichen Sekte im US-Bundesstaat Pennsylvania, die heute noch weitgehend so leben, als wären sie im 17. Jahrhundert. Wohl keine andere Gruppierung in der westlichen Welt hat sich dem Fortschritt, der Moderne und der Effizienz so konsequent entzogen. Und das, so Binswanger, ohne Schaden zu nehmen – ganz im Gegenteil: »Die Häufigkeit von Depressionen bei den Amish ist im Vergleich zum Rest der US-Bevölkerung vernachlässigbar gering. Sie schei-

Abb. 7: Glück und Einkommen im globalen Vergleich. Je ärmer, desto unglücklicher. Aber je reicher, desto egal.

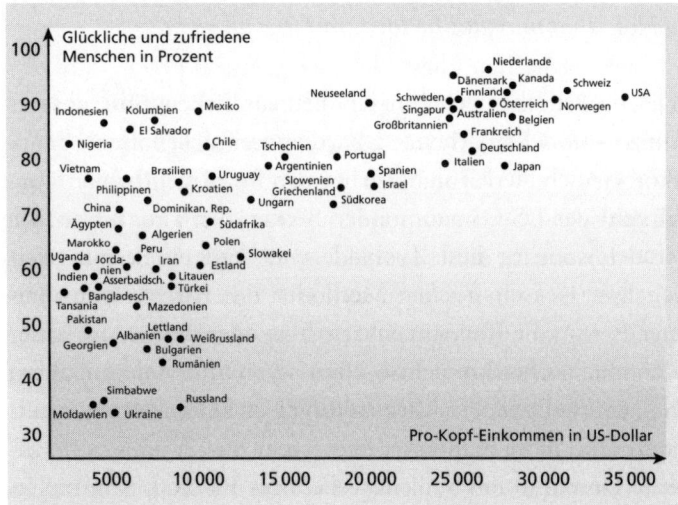

Quelle: Mathias Binswanger, 2009

nen ein glückliches Leben zu führen, und im Schnitt sind sie so glücklich wie die reichsten Amerikaner. Aus ökonomischer Sicht sind die Amish somit eine hocheffiziente Gesellschaft.«

Nicht, dass wir uns nun alle den Amish anschließen sollten. Und doch, so Binswanger, »können wir von den Amish etwas Wichtiges lernen. Es besteht die Möglichkeit, glücklich zu sein, ohne ständig alles zu verändern und zu verbessern.« Und umgekehrt bedeutet ständige Verbesserung noch lange nicht, dass wir dadurch glücklicher werden, wie es uns der Glücksforscher Mihály Csíkszentmihályi ins Stammbuch schreibt: »Die Wirtschaft verspricht Effizienz und Profit, aber was trägt sie dazu bei, unser Leben mit Sinn und Freude zu füllen?«

Natürlich: Die Maximierung des Glücks allein ist auch keine Lösung – sonst wäre die beste Gesellschaft eine, die ihre Bürger ständig mit Glücksdrogen vollpumpt, wie wir mit Richard Layard aufzeigen können. Also gilt auch hier: Es kommt auf das richtige, das menschliche Maß an; im Verhalten des Einzelnen wie im Verhalten von Gruppen und Nationen.

Viele Menschen (die nicht gerade Amish People sind) haben ein Problem damit, bei einem materiellen Abstieg Freude zu empfinden. Wer den Zweitwagen abschaffen oder in eine kleinere Wohnung ziehen muss, wird sich in der Regel nicht wie ein Gewinner, sondern wie ein Verlierer fühlen. Die beste Lösung für dieses Problem ist meistens ein Perspektivenwechsel. Es kann geradezu cool sein, den Zweitwagen abzuschaffen – wenn man gleichzeitig aus dem Vorort zurück in die Stadt zieht, wo sich so vieles zu Fuß, mit dem Fahrrad und dem öffentlichen Verkehr erledigen lässt, dass ein Zweitauto schlicht nicht mehr nötig ist. In den USA haben Ölpreisexplosion und Immobilienkrise kräftig mit dazu beigetragen, den Trend zur Reurbanisierung zu verstärken und das weitere Zerfließen des Siedlungsbreis zu stoppen.

Was einst als der große Nachteil der Stadt galt, ihre gedrängte Verdichtung, kann jetzt ihr großer Vorteil werden. Zum einen, weil sie günstiger zu versorgen ist: Konzentrierte Infrastruktur ist effiziente Infrastruktur. Und zum anderen, weil sie es leicht macht, Menschen zusammenzubringen. Die Kreativwirtschaft, weiterhin einer der wichtigsten Wirtschaftszweige überhaupt, ist auf kurze Wege, soziale Nähe und kreativen Austausch angewiesen. Das lässt sich inzwischen virtuell in sozialen Netzwerken organisieren – aber auch Menschen, die sich die meiste Zeit in Facebooks und Intranets aufhalten, fühlen sich in der Regel dort am wohlsten, wo sie auch nach dem Ausschalten aller Geräte auf Freunde und Gleichgesinnte treffen können. Entscheidend ist also immer der Kontext, mit dem wir argumentieren.

Einer der Bereiche der Gesellschaft, in denen sich am besten und am häufigsten der Nachweis erbringen lässt, dass ein

111

Weniger an Quantität ein Mehr an Qualität bedeuten kann, ist denn auch die Mobilität. »The slower you move, the faster you die«, lautet ein wunderbarer Ausspruch von George Clooney im Film *Up in the Air* aus dem Jahr 2009. Und der Folgesatz: »And make no mistake – moving is living.« Ja, so war das: Mobilität galt als Quelle des Wohlstands. Erfolgreiche Menschen erkannte man (und erkennt man oft noch) daran, dass sie Transit-Menschen sind. Sie verbringen immer mehr Zeit an Transitorten: Bahnhöfen, Flughäfen, Hotellobbys und Meeting-Räumen, Tankstellen, Bürohochhäusern. Sie gehen dorthin, um schnell wieder wegzugehen, nachdem sie ihre Geschäfte getätigt haben.

Doch so wird das nicht bleiben, der Trend ist eindeutig: Erfolgreiche Menschen sind selektiv mobil. Sie sind präsent, wo sie für wirklich wichtige Anliegen gebraucht werden. Und sie bleiben zu Hause, wenn sie vor Ort gebraucht werden, um bei wichtigen Entscheidungen Präsenz zu markieren. Und sie brauchen nicht mehr automatisch den Besitz – weder Auto noch Privatjet. Wichtiger ist, dass sie einfach und anschlussfähig reisen können. Nicht mehr mit dem halben Hausrat, heute reist man leicht. Statt Taschen lieber einen Rucksack, statt Laptop den iPad.

Oder gar kein Gepäck mehr. »In Zukunft wird alles, was man an Infrastruktur braucht, schon da sein, wo man hingeht«, sagt der deutsche Office-Forscher Norbert Streitz. »Es würde vielen von uns heute merkwürdig vorkommen, ohne Notebook auf Geschäftsreise zu gehen – aber schon bald wird es uns merkwürdig vorkommen, ein Notebook dabeizuhaben.« So wie man heute auf Reisen nicht seinen Fernseher mitnehme, werde man sich »in Zukunft darauf verlassen können, dass im Hotelzimmer, in Lounges oder Gasträumen ein Tablet-PC, ein iPad oder einer ihrer Nachfolger vorhanden sein wird wie heute ein Schreibblock und Stift.«

Während der Geschäfts- und Pendelverkehr immer mehr an Wertschätzung verliert und so weit wie möglich durch Technologie substituiert wird, behauptet sich der Freizeitverkehr als der ultimative Luxus in der modernen Welt. Brauchen wir ihn wirklich? Natürlich nicht – aber es wird ein sehr dickes Brett zu bohren sein, bevor wir ihn ähnlich substituierbar sehen wie den Geschäftsverkehr. Ungeplanter und willkürlicher Freizeitverkehr ist die Herausforderung. Die »Fahrt ins Blaue«, also in die Natur, muss wieder ihre ursprüngliche Bedeutung erlangen und dürfte nicht mehr für sinnlosen Mehrverkehr von Menschenmassen stehen, die die Zeit totzuschlagen haben. Dabei können durch die Globalisierung und Differenzierung von Dienstleistungsangeboten auch in der Nähe oder gar zu Hause Ruhe, Erholung und Fun abgeholt werden. Die Wiederaneignung des Raumes und des Raumgefühls nach der Zeit des Wegbeschleunigens, kontinuierlichen Outsourcings und des Weiter-weg-ist-immerbesser wird eine der interessantesten Erfahrungen des Age of Less sein.

Wenn so die Mobilität in immer mehr Bereichen und gesellschaftlichen Schichten von Lust zu Last wird, wenn Bewegung nicht mehr zelebriert, sondern reduziert werden soll, erfordert das von allen Branchen, die mit Mobilität befasst sind, einen grundlegenden Kurswechsel. Das fängt bei den Fluglinien an. Für kürzere Strecken bis zu mindestens 500 Kilometern ergibt es keinen Sinn mehr, ein Flugzeug zu besteigen. Der Aufwand, zeitlich, finanziell und sozial, rechnet sich nur noch in den wenigsten Fällen. Aber auch die Bahn stößt an ihre Grenzen, zumindest wenn man die dichtesten europäischen Zentren analysiert. Und es reicht ironischerweise bis zur Immobilienbranche, die sowohl für Erst- als auch für Zweitwohnungen neue Sharing- und Service-Modelle entwickeln muss.

Am heftigsten aber betreffen all diese Entwicklungen natürlich die Mobilitätsbranche schlechthin – die Autobranche. Sie ist noch viel zu sehr in Besitzkategorien gefangen: Sie denkt in Einheiten wie dem Befüllen von Produktionsanlagen, sieht ihre Aufgabe darin, Menschen Autos zu verkaufen, und bleibt damit im für sie so erfolgreichen 20. Jahrhundert verhaftet. Das macht sie ganz ordentlich – aber was nun? Zugang ist wichtig, Nutzung ist wichtig, aber Besitz hat heute einen wesentlichen geringeren Stellenwert als früher. Die Automobilbranche hat als eine der führenden Industrien den Übergang in die Dienstleistungswelt nie geschafft. Das rächt sich jetzt – sozial zuerst, ökonomisch danach.

Die – heute noch – führenden Personen der Branche wie Bob Lutz (*1932) von GM (früher Ford, Chrysler, BMW) oder Ferdinand Piëch (*1937) und Martin Winterkorn (*1947) von VW präsentieren sich gerne als *car people*, als Auto-Menschen. Das Produkt in Ehren, das mag gut sein als Basis. Aber die jüngere Generation sieht Fortbewegung als Commodity-Dienstleistung, also als leicht zugänglich, günstig und sofort verfügbar, und gerade nicht mehr als jenes Statusobjekt, als das es alternde Babyboomer und verdienstvolle Kriegsveteranen verstehen.

Das Problem der Amerikaner war natürlich, dass Dienstleistung auch im Automobilsektor von den Finanzmärkten bestimmt wurde, und das ist einer der Gründe, warum GM in den letzten Jahrzehnten kontinuierlich abstieg. Insofern wettert Bob Lutz nicht zu Unrecht gegen die MBA-standardisierten »Bean Counters« der Wall Street, die nichts mehr von den Produkten verstehen. Bei VW spielt indes vielmehr eine Rolle, dass der Motor der Kern des vermeintlichen Prestiges ausmacht: noch schneller, noch stärker, weil schließlich der Audi daran gemessen wird, dass er den Mercedes auf der Autobahn überholt – freie Fahrt für freie Bürger in der hy-

pervernetzten Welt. Eine gar zu einfache Vision für die Zukunft im Age of Less.

Damit hat die Autobranche einen vergleichbaren Prozess
noch vor sich, wie ihn der Einzelhandel bereits begonnen hat.
Der Handel war von seinem ganzen Selbstverständnis her immer Versorger gewesen und ist jetzt auf dem Weg, viel mehr
zum Besorger und Entsorger zu werden. Der Verkauf von
Produkten ist dabei nicht mehr Selbst- und Endzweck, sondern Teil des Servicepakets, das der Einzelhändler bietet.

Abb. 8: Optionen für den Individualverkehr im Age of Less

effizienter fahren	Energiesparautos, Green Cars, alter-native Antriebe, intelligente Verkehrs-steuerungssysteme, Cars 2.0
weniger – oder nicht – fahren	autofreie Lebensstile, kurze Wege, urban village, Carsharing, Zugang statt Besitz
Rationierung	Road-Prizing, Slug-Lane (eigene Fahr-spuren für stark ausgelastete Fahr-zeuge führen in den USA zu einer Renaissance des Trampens)
Multi-Mobility-Service	Generalabonnement für Bahn, Bus etc., Carsharing, Taxi, Flugzeug

Quelle: d. Verf.

Die Chance für die Autoindustrie liegt in dieser Lage nicht
darin, stärkere, sparsamere oder elektrischere Motoren zu
bauen. Sie liegt darin, sich als Anbieter von Mobilitätslösun-
gen zu verstehen. Das erfordert einen höheren Dienstleistungsanteil an der Wertschöpfung und einen Perspektivenwechsel vom outputorientierten Blick des Herstellers zum
nutzenorientierten Blick des Dienstleisters – der das Verkehrsnetz nicht als eine Ansammlung verschiedenster Verkehrs-

mittel ansieht, sondern als vernetztes System. Deshalb bietet er ganz selbstverständlich auch andere Verkehrsmittel als das Auto an, wenn darin die beste Lösung für den Kunden besteht.

Und wenn sich die Autoindustrie im Vertrauen auf ihre Stärke solchen Lösungen verschließt? Dann wird früher oder später jemand anderes für sie einspringen, meint zumindest der deutsche Musikmanager Tim Renner, der zwei Jahrzehnte in einer Branche verbrachte, die sich ihren Herausforderungen nicht stellte. »Ich kann mir vorstellen, dass jemand mit der Autoindustrie das macht, was Apple mit der Musikindustrie gemacht hat: das alte Geschäftsmodell torpedieren – und dabei etwas ganz anderes verkaufen. Warum sollte beispielsweise die Bahn oder ein Taxikonzern oder eine Hotelkette keine Mobilitätsflatrate anbieten, in der auch ein Carsharing-Service enthalten ist?« Konflikte sind in dieser Branche vorprogrammiert.

The Wealth of Networks

In Ostdeutschland stellen sich noch immer vielen Menschen die Nackenhaare auf, wenn sie den Slogan »Vom Ich zum Wir« hören. Denn unter dieser Parole startete die kommunistische SED in den 1950er Jahren die Kollektivierung der Landwirtschaft. »Auf freiwilliger Basis« – was man in einer Diktatur so freiwillig nennt. Um 1968 wurde der Satz in der westdeutschen Studentenbewegung populär: Gemeinschaftliche Wohn-, Lebens- und Protestformen sollten das egoistische Individuum im solidarischen Kollektiv aufgehen lassen – ähnlich »freiwillig« wie knapp zwei Jahrzehnte zuvor in der DDR. Der libertäre Flügel der Revolte revoltierte: »Was geht mich Vietnam an? Ich habe Orgasmusschwierigkeiten«, provozierte Kommunarde Dieter Kunzelmann, und Robert Gernhardt dichtete schon 1966:

Das Schnabeltier, das Schnabeltier
vollzieht den Schritt vom Ich zum Wir.
Es spricht nicht mehr nur noch von sich,
es sagt nicht mehr: »Dies Bier will ich!«
Es sagt: »Dies Bier,
das wollen Wir!«
Wir wollen es, das Schnabeltier!

Im weiteren Verlauf des 20. Jahrhunderts setzte sich der Individualismus auf ganzer Linie gegen den Kollektivismus durch. Sogar die Genossenschaft, eine jahrhundertealte Organisationsform für Produktion, Wohnungsbau und Handel, geriet in den Ruch dinosauriger Verstaubtheit. Aber das

20. Jahrhundert ist vorbei: Heute vollziehen Tag für Tag Abermillionen von Menschen, diesmal tatsächlich freiwillig und zumeist erst noch lustvoll, Schritte auf dem Weg vom Ich zum Wir – indem sie sich vernetzen.

Die Vernetzung und die Vernetzungsgrade sind nicht mehr rückgängig zu machen. Insbesondere der Siegeszug von sozialen Netzwerken wie Facebook oder Linkedin führt uns unser Wesen als »zoon politicon«, als Mensch in der Gemeinschaft, plastisch vor Augen – und prägt und verändert gleichzeitig unsere Wahrnehmungen und Verhaltensweisen in der Vernetzung.

Netzwerke zeichnen sich durch ihre Hybridität aus: Einerseits zeigen sie uns in allen Facetten, wie wir in der globalen Welt voneinander abhängig sind. Die steigende gegenseitige Abhängigkeit ist auch ein Grund, warum das Age of Less fast zwingend kommen muss: Rücksichtnahme, Teilen, Leben und Lebenlassen können nur mit einer ganz anderen Einstellung, einer Ent-Egoisierung erreicht werden. Eine Vielzahl von neuen Abhängigkeiten bringt neue Verpflichtungen. Alte Durchsetzungsmuster verschwinden. Aber gleichzeitig zeigen Netzwerke auch neue Lösungswege. Denn durch sie werden Lernprozesse initiiert. Das kontinuierliche Teilen von Informationen, Bildern, Wissen, Texten, fördert die Rücksichtnahme: Nur wenn ich lerne zu geben, kann ich auch davon ausgehen, dass ich etwas zurückbekomme, nur wenn ich zuhöre, werde ich gehört. Interaktivität und Feedback, in der Wirtschaft und beim Staat noch keine gängigen Verhaltensweisen, halten schrittweise Einzug. So entsteht langsam ein neues Wirtschaften jenseits von herkömmlichen Vorstellungen von Staat und Markt.

Eine solche Wirtschaft bringt Vorteile für Menschen, die sich nicht abschotten, die nicht horten, die nicht auf Egoismus und Ichlinge setzen. Sie bringt Vorteile für die, die nicht auf ihre Größe und formale Hierarchien setzen, sondern sich austauschen und bereit sind, gemeinsame Lösungen zu erarbeiten, die über die jeweiligen Grenzen gehen.

»Netzwerke lösen Probleme, die der Einzelne noch nicht einmal formulieren kann. In Netzwerken zeigen Menschen Eigenschaften, die sie nicht mit Wölfen, sondern mit Insekten vergleichbar machen; hier zeigen sich die Überlebensvorteile extremer gegenseitiger Abhängigkeit.« So fasst der Medienwissenschaftler Norbert Bolz die neue Situation zusammen. Und genau das ist der Punkt: Das Age of Less ist der Wille zum Überleben, die Vernetzung sein Instrument. Das »Age of More« oder »More of the Same« der wölfischen Extrapolierer ist das Laisser-faire zum Untergang.

Die Macht, bislang in den Händen von Großorganisationen wie Staaten oder Konzernen oder NGOs, wird zur Macht der Netzwerke. Damit bewegen wir uns gewissermaßen auf ein neues Mittelalter zu: So wie im Mittelalter wird das Leben der Menschen nicht von Superstrukturen bestimmt, sondern von ihrem persönlichen Umfeld – nur dass dieses Umfeld nicht mehr räumlich definiert wird als Stadtstaat oder Dorfgemeinschaft, sondern sozial. Im Mittelalter der Netzwerke leben die Menschen zwar in einem Global Village – aber jeder in seinem eigenen, durch seine eigenen Vernetzungen definierten Dorf.

Nicht die Anarchie des abstrakten Marktes, nicht die Hierarchie von Großorganisationen wird also in Zukunft Ordnung schaffen. Viele Herausforderungen werden in neuen Formen des Zusammenkommens jenseits von Staat und Markt und jenseits der politisch-legalisierten Strukturen angegangen. Diese Formen sind experimenteller und vor allem viel flexibler und mobiler als Staats- oder Marktstrukturen. Der Umgang mit Informationen wird informeller, weniger hierarchisch, was Großorganisationen zum Verzweifeln bringt, weil ihre Kontrollmechanismen immer mehr versagen. Vielmehr entsteht Ordnung über die *Werte*, die in Netzwerken gepflegt werden. Entscheidend für den Erfolg der Netzwerke sind die geteilten Werte. Aus diesem Grunde wird ohne soziales Kapital (siehe Kapitel 3) keine neue Wirtschaft und keine neue Ordnung entstehen, die uns die Zukunft meistern lässt.

Der größte Vorteil und die Innovationskraft kommen durch den *Aufbau* von Werten, die über gemeinsame Lernprozesse und Lernerfahrungen entstehen. Wir haben in den letzten 30 Jahren Globalisierung erlebt, welch ungeheurer Druck vom Markt allgemein oder auch vom Staatskapitalismus in China auf die bestehenden Sozialstrukturen ausgeübt wird. Gegen diesen Abbau von Werten können Netzwerkaktivitäten zumindest entlastend wirken – Social Media bietet Anschauungsunterricht. Wir brauchen die Kreativität in Ost und West dringender denn je.

Die moderne Ökonomie des Westens geht seit dem 17. Jahrhundert genauso wie die Philosophie vom einzelnen handelnden Individuum aus. Wir haben in dieser Welt immer strikt zwischen Subjekt und Objekt unterschieden. Wir sind immer vom »Ich« ausgegangen. Ich und mein Nachbar, ich und mein Geld, ich und mein Auto. Das Marketing hat in der Folge konsequent immer das konsumierende Individuum angezielt: Der einsame Konsument muss eingefangen werden. Oder auch in der Kultur gilt: der einzelne Künstler als Kreativer. Als Hersteller eines Werks. Das geht in der vernetzten Welt immer weniger auf; vielmehr sind es Gruppen in Konstellationen, die interessant werden. Communitys aller Art (of interest, of practice, of innovation etc.), Familien, ja Stämme, Wertegemeinschaften. In gewissem Sinne also wieder etwas Vormodernes. Genau darum geht es.

Der einzeln handelnde Mensch kann nur noch im Verbund mit anderen relevanten Gruppen erkannt werden. Die Konstellationen können sich ändern, und in einer flexiblen Welt müssen sie sich auch den Umständen anpassen. Entscheidend sind die Werte von Communitys: Sie sind nicht ökonomisch rational, sondern vor allem emotional verankert. Die Werte, die gepflegt werden, sind sozial und emotional: Zugehörigkeiten entstehen vor allem über gemeinsam erlebte Erfahrungen, über den Austausch von Erfahrungen, über gegenseitiges Lernen, genauer: über die Energie, die man gemeinsam verbrennt, wenn man etwas erarbeitet.

Deshalb werden wir auch die modernen Begriffe, die vom Individuum beziehungsweise vom rational handelnden Individuum ausgehen, in Zukunft nicht mehr gebrauchen können als Grundlage unseres Handelns. Was das für die zukünftige Struktur und Organisation des Wirtschaftens bedeuten wird, ist bislang allenfalls in Ansätzen erfassbar. Einige dieser Ansätze seien hier kurz aufgeführt:

Sharing statt Sourcing: Der große Trend der letzten Jahrzehnte, dass durch die Arbeitsteilung immer mehr outgesourct wird, immer schneller in neue Länder verschoben und mehr auf Kernkompetenzen reduziert und spezialisiert wird, stößt an Grenzen. Allein aus Kosten- und Effizienzgründen. Statt immer mehr outzusourcen, meistens nur, um alte Hierarchien letztendlich zu zementieren, werden in der neuen Wirtschaft gemeinsam Ressourcen geteilt. Insourcing und Outsourcing können in vielen Fällen verschmelzen. Denn im Prozess des gegenseitigen Lernens werden automatisch viele sonst nur mit teurer Spezialisierung zu lösende Herausforderungen gleich miterledigt. Oder als Scheinproblem erkannt.

Kollektivnutzen statt Kollateralschaden: Die neue Wirtschaft ist nicht mehr auf egoistische Art effizient: Meine Effizienz ist deine Ineffizienz. Im alten System, so wie wir es in den letzten Jahren typischerweise funktionieren gesehen haben, lebt man von der strikten Trennung von Sphären und Zonen: Ich bin hier, du bist dort. Mein Vorteil ist dein Nachteil. Mein Gewinn ist dein Verlust. Das ist in der vernetzten Welt eine Illusion. Der outgesourcte Müll schlägt auf mich zurück. Die privatisierten Gewinne und die verstaatlichten Verluste wie beim großen Crash von 2008 werden nicht mehr möglich sein. Außer man nähme Kollateralschäden noch nie bekannten Ausmaßes in Kauf.

Do it ourselves: Zu Beginn des Online-Zeitalters in den 1990er Jahren sah es noch so aus, als bewegten wir uns in Richtung einer Do-it-yourself-Ökonomie. Doch jetzt stehen die Zeichen auf Do it ourselves. Wir wissen heute, dass Social Media nicht zufällig Social Media heißen: Menschen definieren sich über andere Menschen. In sich immer wieder spontan und je nach Anlass neu aus den Netzwerken formierenden Gemeinschaften kann man einfach immer mehr Herausforderungen immer besser angehen. Ich bin viele. Sehr passend hat David Brooks von »multiplen authentischen Selbsten« gesprochen. Ich bin meine sozialen Netzwerke, und je nach Situation sieht mein Selbst anders aus und muss anders gestaltet werden. Der Computerwissenschaftler und Kulturtheoretiker David Gelernter hat wohl den Punkt getroffen: Softwareentwicklung und Informationstechnologie helfen optimalerweise den Menschen, sich selbst neu zu verstehen und das unstillbare Bedürfnis zu befriedigen, sich besser auszutauschen. Alles andere wie wirtschaftliche Themen kommt nachgelagert. Erst dann also, wenn wir die Lust an uns selbst und an unseren »Freunden« anstacheln, entsteht eine neue Wirtschaft, in der wir untereinander und selbst Aktivitäten tätigen, ohne dass es der großen alten Superstrukturen mit ihren teuren Kontrollinstanzen bedürfte.

Inklusion statt Exklusivität: Die bisherige Welt arbeitet mit Ausschluss- und Exklusivitätskriterien. Sie erschwert den Zugang. Die neue Welt arbeitet mit Inklusionskriterien, die den sinnvollen Ausstieg möglichst einfach gestalten. Die bisherige Welt macht Distribution umständlich und teuer – die neue Welt der Vernetzung macht die Distribution leichter, direkter, schneller. Die bisherige Welt lebt nur über große Hubs, die kontrollieren wollen und den Rest zu Zulieferern degradieren, wie bei den großen Airlines. Die neue Welt lebt über kluge Plattformen, die Ressourcen allozieren. Diese Welt fragt viel weniger, was man früher alles schon geleistet hat, welche Titel man erworben hat, sondern viel mehr: Was kannst du konkret zu diesem Projekt beitragen? Was ist dein Beitrag, damit wir gemeinsam vorankommen? Macht es Sinn, wenn du dabei bist?

Wenn man es im Sinne von Kevin Kelly etwas pathetisch formulieren will, gehen wir tatsächlich evolutionär auf eine Welt mit einem neuen Reichtum zu, nämlich sozialem Reichtum, der ein geteilter Reichtum ist: Der Fokus auf »Wealth of Nations« oder »High Net Worth Individuals« (HNWI) wird abgelöst durch die »Wealth of Networks«, so der Ausdruck des Yale-Juristen und Politikwissenschaftlers Yochai Benkler. Nicht mehr die Nationen und ihr Reichtum, der sich über das BIP-Wachstum messen lässt, nicht mehr die Individuen, die aus einem großen Vermögen ein noch größeres Vermögen machen, sind die Erfolgskriterien in der Zukunft. Vielmehr müssen wir das soziale Kapital und den sozialen Reichtum, also den Reichtum der Netzwerke abwägen, um zu erkennen, ob Überlebensfähigkeit besteht oder nicht.

Wenn jeder sein eigenes soziales Netzwerk ist, ist jeder gleichzeitig Produzent von Wert – und auch ein Wert an sich. Dabei lassen sich vier Wertschöpfungsstufen unterscheiden:

1. Sharing: Flickr und YouTube haben uns gezeigt, was wir mit dem Austausch von Fotos und Videos erreichen können. Und was wir kreativ daraus und damit weiterentwickeln können – und weitervernetzen. Twitter wiederum hat sich zu einem leistungsfähigen Verstärkermedium für Fakten, Meinungen und Gerüchte entwickelt.

2. Kooperation: Die sogenannten Creative Commons, aber auch Facebook oder gar Digg oder Reddit geben Anstöße zu kooperieren. Über Facebook kommunizierte und kooperierte im Sommer 2010 die Initiative für die Wahl von Joachim Gauck zum deutschen Bundespräsidenten, über Twitter koordinierten die Aufständischen in Ägypten Anfang 2011 ihre Aktionen und Emotionen. Auch wenn es naiv wäre zu glauben, Revolutionen könnten komplett von unten organisiert werden, so funktioniert heute mit Social Media eines wunderbar: die soziale Ansteckung. Menschen lassen sich anstecken und fordern ihre Rechte ein.

3. Kollaboration: Linux oder wohl am offensichtlichsten Wikipedia zeigen auf, wie Menschen freiwillig Wissen weitergeben und daran mitarbeiten, dass Wissen besser wird, korrigiert wird, angepasst wird und unter die Menschen kommt, die damit etwas Kreatives anfangen können. Auch die Plagiatsjäger, die im Frühjahr 2011 begannen, die Doktorarbeiten deutscher Politiker zu zerpflücken, haben in der vernetzten Arbeit sehr schnell beachtliche Ergebnisse erzielt.

4. Kollektivismus oder sozialer Reichtum: Das proprietäre Denken – mein Kopf, meine Kontakte, mein Wissen – wird durch einen Wissenskollektivismus ersetzt, der sich über gemeinsame Werte und Werthaltungen definiert.

Es gibt mittlerweile aus fast allen Wissenschaften Belege, dass es vorteilhaft ist, in einer vernetzten Welt der gegenseitigen Abhängigkeiten auf Kooperation und Partnerschaft zu setzen und nicht auf Starrsinn, Egoismus und bloße eigene Vorteile. Spieltheorie, Evolutionspsychologie, Behavioral Finance (Verhaltensökonomik), Kulturanthropologie, schließlich auch der Fortschritt der neuen interaktiven Medien liefern eindrückliche Hinweise. Die Menschen lernen, Informationen zu teilen, Wissen gemeinsam weiterzuentwickeln und sich mit Empathie zu begegnen: Wir haben ein Interesse daran, dass wir alle gemeinsam lernen, weil wir in einer vernetzten Welt nicht mehr davonrennen können – es gibt kein »Jenseits« mehr. Außer vielleicht, man glaubt zum Beispiel immer noch an die Überlebensfähigkeit von Steuerinseln oder -oasen.

Bleiben wir noch einen Moment beim Lernen. Es ist die eine Tätigkeit, die wir Menschen von der ersten bis zur letzten Sekunde unseres Lebens ausüben, und als Produzent des Produktionsfaktors Humankapital ist es einer der wichtigsten ökonomischen Faktoren überhaupt. Und es war und ist bislang eine sehr teure, vorwiegend von der Allgemeinheit finanzierte Angelegenheit. Dass das bald anders werden könnte, zeigt heute beispielsweise die Khan Academy: 2400 Unterrichtseinheiten, vorwiegend aus den Bereichen Mathematik und Naturwissenschaften, jede in Form eines etwa zehnminütigen Videos mit einfacher Sprache und hervorragender Didaktik, alle kostenlos auf YouTube abrufbar und alles von Bill Gates finanziert. Insbesondere für die vielen Kinder, die noch immer an Mathematik im Allgemeinen und ihrem Mathelehrer im Besonderen verzweifeln, bieten diese Videos eine echte Chance, die Lernblockade zu überwinden.

Natürlich wäre es Unsinn zu sagen, dass nun alle traditionellen Lerninstitutionen überflüssig werden. YouTube oder

Facebook ersetzen die Schule nicht. Aber wir können mit den Netzwerken helfen, Kosten drastisch zu reduzieren, die bislang über Superstrukturen von Großorganisationen bewirtschaftet wurden. Und das gibt viele neue Chancen. Moderatoren, Mentoren, Tutoren aller Art werden eine neue Blüte erleben: Erklärer, Vermittler, Ergänzer, Hinterfrager. Oder gar Hofnarren. All die neuen Online-Tools, die uns als Dienstleistung zur Verfügung stehen (die meisten gratis), machen Kooperation und Austausch von Wissen immer einfacher. Im Age of Less brauchen wir tätige Menschen, die gerne gemeinsam lernen und gerne etwas umsetzen wollen.

Und wir werden sie bekommen. Der Faktor »Lust« und »Lust an anderen/an den anderen« wirkt beschleunigend und aktivierend. *Ideopleasure* trifft auf *sociopleasure*, also die ungeheure Lust an Ideen oder Konzepten, die durch die Lust aneinander im Austausch nur noch gestärkt wird. Der Anthropologe Lionel Tiger hat nachgewiesen *(The Pursuit of Pleasure)*, dass die beiden »Lüste« evolutionär in uns verankert sind und nun durch die neuen Medien nur noch stärker hervorgehoben und umgesetzt werden.

Lernen voneinander ist also der zentrale Punkt, den wir von der Evolutionstheorie übernehmen können: Denn nur wenn wir lernen, bleiben wir fit. Kooperation erzeugt Moral und ermöglicht Altruismus. Je besser wir kooperieren, desto mehr Vertrauen wird generiert, wenn man gemeinsam Erfolge feiern kann. Dadurch sinken wiederum Transaktionskosten. Brachial- oder Raubtierkapitalismus, der nur auf das Ausnützen von Informationsvorteilen setzt, hat keine Zukunft. Denn wer die Unwissenheit oder Dummheit der anderen nur ausnutzt, zerstört die Umwelt, in der er handelt.

Man kann das auch den Übergang vom Raubtierkapitalismus in einer Welt klarer Hierarchien (wie in der alten bipolaren Welt des Kalten Krieges) zum sorgenden Kapitalismus, also dem *caring capitalism*, nennen. Bill Gates oder Warren Buffet haben das verstanden. Der sorgende Kapitalismus gewinnt, ohne den anderen zu »besiegen«. Mein Erfolg ist dein Erfolg. Oder managementtechnisch gesagt: Es gibt eine Win-win-win-Welt, in der alle Teile der Wertschöpfungskette zu Gewinnern gemacht werden. Je vernetzter und komplexer die Voraussetzungen, desto mehr hängt der eigene Erfolg vom Erfolg des anderen ab.

Man kann sogar mit starker Begründung vermuten: Wettbewerbsfähigkeit hängt in Zukunft immer mehr von Kooperationsfähigkeit ab. Nur wer Empathie, Lernbereitschaft, situative Verhandlungskompetenz, kulturelle Intelligenz besitzt, kann auch im Wettbewerb bestehen. Vom Klassiker der *Evolution der Kooperation* von Robert Axelrod aus den 1980er Jahren über viele Studien wie *Born to be good* (Dacher Keltner) oder *Super-Cooperators* (Martin Nowak und Roger Highfield) und *Why we cooperate* (Michael Tomasello) oder *The Wealth of Networks* (Yochai Benkler) und *The Fair Society* (Peter Corning) bis *Empathische Zivilisation* (Jeremy Rifkin) zeigt sich ein Paradigmenwechsel weg von der brachialen »Ich bin der Stärkere«-Mentalität des *drill and kill* hin zu einer kooperativen Mentalität des *caring and sharing*. Eine solche Welt ist viel anspruchsvoller, rücksichtsvoller, weniger simplistisch und verringert Möglichkeiten, unausgewogene Eigeninteressen durchzusetzen.

Das ist für uns Europäer und Amerikaner eine Knacknuss. Wir waren in den letzten Jahrhunderten immer relativ rasch bereit, Konflikte auch mit Gewalt zu lösen. Wir haben die Kriegsführung kontinuierlich perfektioniert, technisch wie medial. Der Friede und der Wohlstand sind für Europäer Ausnahmezustände. Wir haben also alles Interesse, den Frieden und den Wohlstand sinnvoll zu wahren. Die Deutschen? Die haben spätestens alle paar Jahrzehnte wieder Kriege angefangen. Die Franzosen? Nicht gerade besser. Die Russen? Kein Kommentar. Die Amerikaner? Selbst Robert Kagan, ein Vordenker der Neokonservativen, hat in seinem Buch *Dangerous Nation* deutlich gemacht, dass Amerika praktisch ausnahmslos Präsidenten hatte, die bereit waren, in fremde Länder einzumarschieren, um mit militärischer Gewalt die eigenen Interessen durchzusetzen: George W. Bush (2001 bis 2008) war insofern keine Ausnahme, sondern der Normalfall.

Francis Fukuyama hat in seiner großen Arbeit über *The Origins of Political Order* aufgezeigt, dass wir diesbezüglich von asiatischen Herrschern, speziell China, führungsmäßig viel lernen können. Aber ein Blick nach Asien ist nicht nur unseren Politikern zu empfehlen. In China oder Japan werden Menschen traditionell nicht so sehr als Individuen betrachtet als vielmehr als Bestandteil eines sozialen Gebildes, ob Familie, Sippe oder Dorf. Das kann zu Exzessen führen, wie bei Japans Kamikaze-Piloten im Zweiten Weltkrieg oder der überbordenden Vetternwirtschaft im heutigen China. Doch Exzesse kennt auch unser Wertesystem des Beharrens auf der absoluten Freiheit des Individuums. Wenn wir es gescheit anstellen, voneinander zu lernen, dann können wir es schaffen, Freiheit und Vernetztheit fast ohne Nebenwirkungen miteinander zu kombinieren.

»Slow is beautiful«

Aus der Marktforschung kennen wir den Dreiklang »go go«, »slow go« und »no go«. Dort beschreibt er, sehr flapsig, drei Segmente des Seniorenmarkts. Die Go-Gos, reisend, konsumierend, ihren Ruhestand genießend; die Slow-Gos, bedächtig, (oft zwangsläufig) kürzer tretend – und die No-Gos, morbide, erschöpft, dem Ende entgegenliegend. Diesen Dreiklang möchte ich auf unsere Gesellschaft übertragen, allerdings etwas modifiziert: Wir befinden uns im Go-Go-Zustand, fröhlich, frivol, über die Stränge schlagend. Wenn wir so weitermachen, werden wir bald übergangslos in den No-Go-Zustand verfallen – ohne Spielräume, ohne Perspektive, das »Ende der Geschichte« im Blick (auch wenn Francis Fukuyama diesen Begriff damals ganz anders gemeint hatte). Es sei denn, wir schaffen es, in den Slow-Go-Zustand zu wechseln.

Wir haben uns »slow« abgewöhnt. Citius – altius – fortius, schneller – höher – weiter, so heißt das Motto der 1896 neu aufgelegten Olympischen Spiele, und so hieß auch das Motto des 20. Jahrhunderts. Die Auflehnung dagegen hatte eine Zeitlang geradezu subversiven Charakter: bei den »Haschrebellen« etwa (vor 40 Jahren) oder den »Tunix-Festivals« (vor 30 Jahren). Die 1989 gegründete Slow-Food-Bewegung (ihr Logo ist eine Weinbergschnecke) war die erste, die politische Aussage und privates Verhalten in Einklang brachte. »Qualität braucht Zeit«, lautet einer der Slow-Food-Grundsätze – die Entschleunigung wurde gesellschaftsfähig. Komplett ohne politisches Statement kam schließlich der von Faith Popcorn vor gut 20 Jahren propagierte »Cocooning-Trend«

aus: Vor Stress und Hektik der Außen- und Arbeitswelt flüchtet man sich in die (immer unter Spießigkeitsverdacht stehende) Gemütlichkeit des eigenen Heims und die Nähe der eigenen Familie und des engsten Freundeskreises.

So individuell befriedigend es sein mag, im trauten Heim die ruhige Kugel zu schieben, so wenig reicht das aus, um halbwegs unbeschadet im Age of Less anzukommen: Es wird darauf ankommen, auch die Gesellschaft und die Wirtschaft zu entschleunigen – nicht, dass es nicht auch schnell gehen dürfte. Aber *speed* als Steigerungslogik und Selbstzweck hat ausgedient. Und dafür müssen wir uns *slow* wieder angewöhnen. Und das geht nicht von heute auf morgen, das dauert Jahrzehnte – selbst wenn wir heute damit anfangen.

Folgen Sie mir dafür bitte erst einmal in den Sektor der Ernährung. Denn sie gehört zum Emotionalsten des menschlichen Lebens, und sie ist ein permanenter Schauplatz für kulturelle und gesellschaftliche Konflikte – immer wieder. Wir ändern unsere Ernährungsgewohnheiten eben nicht wie unsere Hemden. Das braucht viel Aufwand.

Ein kleiner Überblick über das letzte halbe Jahrhundert Ernährungskultur:

- In den 1960er und 1970er Jahren war die Ernährung geprägt von weitgehend bodenständiger Produktionsweise, bekannter Herkunft und regelmäßigen Essenszeiten – allerdings auch mit eingeschränkter Auswahl und aufwendigem Kochen, das der primären Bedürfnisbefriedigung diente. Das Essen früher war langweilig, einseitig, fett und teilweise mühsam. Etwas Besonderes gab es nur ausnahmsweise. Die Konservendose galt als Symbol für modernes Leben, heute würde man es Convenience nennen, und die ersten McDonald's-Restaurants in Europa als Symbol für spaßiges Fast Food, da entmilitarisiert.

- In den 1980er Jahren vollzieht sich ein Wandel zur – durchaus auch kritischen – Konsumgesellschaft. Das Essen wird hektisch und ist neu geprägt durch immer mehr industriell hergestellte standardisierte Massenware, von Hochleistungsprodukten, die auf Profitabilität getrimmt sind. Es muss schneller und billiger werden. Wohlstand heißt schließlich, weniger Geld für das Essen auszugeben. In Deutschland beginnt der scheinbar unaufhaltbare Aufstieg der Harddiscounter. Gleichzeitig wird das Angebot breiter, einfacher erhältlich, und Abwechslung beginnt wichtig zu werden. Zudem wird die Zubereitungsleistung der Konsumenten vereinfacht, die Produkte werden ästhetischer präsentiert, und es gelingt, die Menschen von der Marken-/Produktqualität zu überzeugen. Die Wegweiser standen dabei in Richtung exponentielles Wachstum: Auch bei der Kalorienzufuhr wurde eine »Mehr vom selben«-Strategie gepflegt. Der effiziente Esser setzte sich durch: schneller mehr Kalorien einfahren. In den USA sind die Portionen kontinuierlich größer geworden. Wir essen nun jederzeit überall alles, ohne Bezug auf Essenszeit oder Hungergefühle. »If our mouth were a male sex organ, it would be erected all the time«, hält der Anthropologe Lionel Tiger fest. Inzwischen gibt es mehr Fettleibige und Übergewichtige als Unterernährte und Hungrige auf dem Planeten. Man hat den Eindruck, es gehe um »Survival of the Fattest«.

- In den 1990er Jahren beginnt sich die Misstrauensspirale zu drehen – die Konsumenten entwickeln eine zunehmend kritischere Haltung, vor allem in Bezug auf undurchsichtige Herstellungsweise der Massenware, Misstrauen gegenüber den Inhaltsstoffen, fehlende Einflussmöglichkeiten und umweltbelastenden Transportaufwand. Das Essen wird zwar als so spannend und erlebnisreich wie nie zuvor wahrgenommen, kreative Sterneküche verbreitert sich sogar in Deutschland, gleichzeitig aber schwindet das Vertrauen. Bio-, Öko-, Vegi- oder Slow Food werden immer wichtiger, zuerst bei einer Avantgarde, erreicht dann aber rasch die mittleren Schichten. Der bewusste Konsum in der Ernährung beginnt, vor allem in der Schweiz, England, Italien und den USA. Nicht zufällig ist die Slow-Food-Bewegung in Italien aus dem hedonistischen Flügel des Partito Comunista Italiano entstanden.

■ In den nuller Jahren wächst eine Sehnsucht nach Ursprünglichkeit. Regionale Produkte, unbehandelte und natürliche Nahrung, Umwelt und Ethik, sich Zeit nehmen, selber kochen und Rituale – all dies wird wichtiger. Es fehlt uns nicht an Aufregung, Abwechslung oder Angeboten. Hingegen mangelt es uns an Übersicht, Vertrauen sowie der Möglichkeit, die komplexe Welt mitzugestalten. Auch erhalten wir wegen der Kopflastigkeit unseres Alltags zu wenig sinnliche Erfahrung. Nach der Flut von Inszenierungen vermissen wir jetzt geerdete, authentische Erlebnisse. Die Renaissance von traditionellen Produkten wie Topinambur oder Rauke (als Rucola verkleidet), von Rohmilchkäse oder entindustrialisiertem Bier aus der Mikro-Brauerei (das keiner Fernsehwerbung bedarf, um die Trinklust anzustacheln), Wochenmärkte und Bioläden, auch der Boom von Kochshows und Zeitschriften wie *Landlust* bedienen diese Sehnsucht. »Hausmannskost« wird vom Schimpfwort zum Kompliment. Der rasche Aufstieg (und ebenso rasche Abstieg) der Molekularküche ist symbolischer Höhepunkt der Entwicklung unseres Essverhaltens und primär Ausdruck eines tieferen Unbehagens an der Ernährungskultur.

Den aktuellen Stand der Werte und Wünsche, die die Konsumenten mit Essen und Ernährung verbinden, zeigt die Grafik, die auf Ergebnissen des Consumer Value Monitor beruht, den das GDI Gottlieb Duttweiler Institute in Zusammenarbeit mit der Bremer Nextpractice GmbH durchgeführt hat. »Selber kochen«, »gesunde Ernährung« und »mit der Familie essen« treffen mitten ins positive Wertezentrum: Man nimmt sich Zeit, verwendet rohe, frische Zutaten, kocht mit Freude und Kreativität, achtet auf die Gesundheit – entspannt sich und genießt das Essen in Gesellschaft.

Fertiggerichte, Fast-Food-Restaurants und Take-away haben dagegen ein katastrophales Image bei den Konsumenten. In Anspruch genommen werden deren Angebote dennoch: weil es die Situation verlangt oder weil die Konsumenten keine andere Wahl haben, als sich schnell und pragmatisch Nährstoffe zuzuführen. Die Konsumenten fühlen sich fremdbestimmt und ärgern sich darüber, den eigenen Ansprüchen nicht gerecht werden zu können.

Und das trotz (oder gerade wegen) hoher Marketing-Anstrengungen der Anbieter. Kaum ein Bereich wird so akribisch auf seine Zukunftstauglichkeit hin überprüft: lokales Essen, saisonales Gemüse, Bauernmärkte, Wochenmärkte, CO_2-Bilanzen. Dennoch bleiben das Misstrauen und die Frustration der Konsumenten bestehen. Wird diese Frustration noch durch Lebensmittelskandale verstärkt, kann Radikalisierung, Konsumverweigerung oder Resignation die Folge sein – das ist die Gefahr; oder ein abruptes Umschwenken zu neuen Anbietern oder neuen Produkten – das ist die Chance.

Bei einem solchen Umbruch kann die Technologie einen wichtigen Beitrag leisten. Funketiketten (RFID) beispielsweise können Informationen über den gesamten Entstehungsprozess eines Produkts sammeln und speichern. Die gesamte Lieferkette wird für den Konsumenten plötzlich ohne weiteren Aufwand kontrollier- und nachvollziehbar. Auch *augmented reality*-Anwendungen können die Konsumenten mit

Abb. 9: Der Werteraum der Konsumenten beim Essen

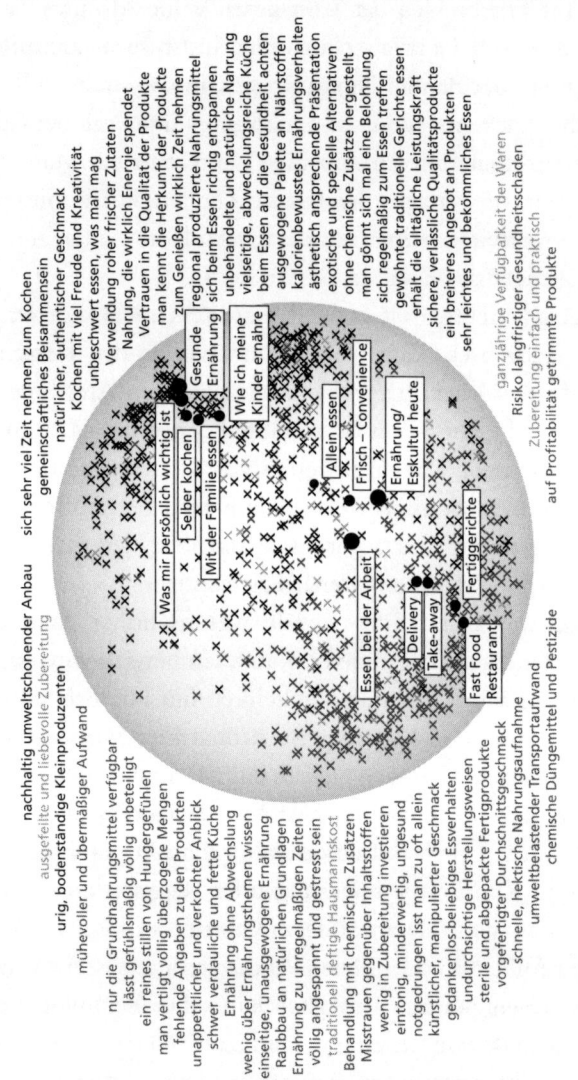

Quelle: GDI/Nextpractice, Consumer Value Monitor 2009/2010

leicht erfassbaren und beliebig detaillierten Produktinformationen versorgen. Wer so beim Einkauf sehen kann, dass der Apfel im Bioladen aus Chile eingeflogen wurde und über einen deutlich größeren ökologischen Fußabdruck verfügt als ein Agro-Chem-Apfel aus regionalem Anbau, kann sich selbst überlegen, ob sich das mit seinem Verständnis von gesunder und nachhaltiger Ernährung verträgt.

Seit es Menschen gibt, ist für sie die Nahrungsaufnahme mit Lust verbunden. Jede Mahlzeit bedeutet Überleben, und das Gehirn signalisiert über Geruchs- und Geschmackssinn, ob es sich um gute, schlechte oder gefährliche Nahrung handelt. Es gibt natürlich auch andere Lustquellen – aber in einer alternden Welt im Allgemeinen und bei älteren Menschen im Besonderen nimmt deren Bedeutung ab. Die Bedeutung der Ernährung bleibt. Und für die jüngere Generation gilt: Nur wenn wir in jungen Jahren bereits eine Beziehung zur Ernährung aufbauen, haben wir die Chance, uns klug zu ernähren – mit Lust, Wissen und Nachhaltigkeit. Es ist kein Zufall, dass der bedeutendste und einflussreichste Koch der Schweiz, Philippe Rochat, jeden Monat Primarschüler in sein Restaurant in Crissier einlädt, um mit ihnen Produkte auf den Geschmack zu testen und unterscheiden zu lernen.

Noch einmal zurück zu den Grundsätzen der Slow-Food-Bewegung: »Der Genuss steht im Mittelpunkt«, heißt es im Programm von Slow Food Deutschland, »weil jeder Mensch ein Recht darauf hat«. Diese Verbindung von Zeit und Genuss, von Langsamkeit und Sinnlichkeit, ist nicht nur bei der entschleunigten Ernährung von zentraler Bedeutung, sondern auch bei Entschleunigungen in allen anderen Bereichen des menschlichen Lebens. Da gibt es »Slow Architecture«, die Gebäude eher organisch wachsen lassen will, als sie in einem Stück hochzuziehen, es gibt »Slow Art«, »Slow Sex«, »Slow Cities« – die Liste kann fast beliebig weitergeführt werden.

Die Erkenntnis ist im Grunde immer dieselbe: Zu viel Convenience und Komfort macht uns gleichgültig und desinteressiert. Denn es setzt die Extrapolationslogik fort – wir verlieren den emotionalen Bezug zu den Produkten, die wir konsumieren. Aber wir haben inzwischen auch erkennen können: Unser Interesse an Produkten steigt markant, wenn wir mehr darüber wissen. Und auch die Lust, sich aktiv und interaktiv mit Anbietern auseinanderzusetzen. Auf Wochenmärkten wird zehnmal mehr über die Produkte gesprochen als im anonymen Supermarkt. Und damit steigt auch die Loyalität. Convenience und bloßer Komfort erzeugen weder Loyalität noch Wissen oder Lust an der Auseinandersetzung.

Und das alles zusammengefasst ergibt schon wieder eine Weltanschauung – man könnte sie fast Ideologie nennen, wenn sie nicht so gemächlich daherkäme. Auf dem »Slow Living Summit« im Juni 2011 in Brattleboro im US-Bundesstaat Vermont wurde sie formuliert: »Slow steht für den Paradigmenwechsel von ›schneller und billiger‹ zu ›langsamer und besser‹ – wobei Qualität, Gemeinschaft und Zukunft wichtige Faktoren sind. Es geht darum, abzubremsen und sich stärker der Bindung bewusst zu werden, die wir zum Land, zum Ort und zu den Menschen haben.«

Eine häufig zu hörende Kritik an der »Slow-Anschauung« ist der Vorwurf, dass ihr Lebensentwurf gar nicht für alle Menschen verwirklichbar sei: zu teuer, zu langsam, zu aufwendig – für den Massenkonsum sei auch weiterhin Massenfertigung nötig. Die Entschleuniger besetzten da allenfalls eine elitäre Nische, die genussvolle Langsamkeit sei nicht mehr als eine neue Art Luxusprodukt.

Es könnte uns nichts Besseres passieren, als dass diese Kritik recht hat. Denn wenn »Slow« tatsächlich der neue Luxus ist – dann gibt es das bald für alle. Luxus hat schon immer stilbildend gewirkt und zur Imitation von unten eingeladen:

Der Luxus von heute ist das Massengut von morgen. Kaffee, Schokolade, Lachs, TV, Automobil, Ferien in fernen Ländern, Flugreisen, Kreuzfahrten. Und als Nächstes Slow Living?

Das traditionelle Bild der Luxuskonsumenten, wie es uns heute in unzähligen Medienberichten vermittelt wird, macht da wenig Hoffnung. Die noch längere Yacht, die noch teurer bezahlten Quadratmeterpreise in Sankt Moritz, Hongkong oder Monaco, noch mehr PS beim Sportwagen, das ist für eine globale Geldaristokratie von Managern und Superstars ein Aufschaukelungsspiel, dem anscheinend nicht Einhalt geboten werden kann. Ebenso bleibt der Markenluxus ein starker Attraktor und unerlässlicher Vereinfacher für viele Menschen. Ferrari und Gucci, Rolex und Hermès zeigen unmissverständlich, was Luxus ist.

Doch stimmt dieses Bild überhaupt noch? Mir kommt es inzwischen eher so vor, als ob es sich hier um Luxusklischees handelt. Die Medien stellen das als Luxus dar, was ihre Kundschaft als Luxus sehen möchte. Und das hinkt im Zweifelsfall hoffnungslos hinter den tatsächlichen Trends hinterher. Gerade beim Luxus können wir nämlich über die letzten Jahre kontinuierliche Veränderungen feststellen, die dem Age of Less entgegenkommen. Zwei Beispiele hierfür:

■ Für Robert Frank, den Wealth Reporter des *Wall Street Journal*, der die Exzesse der amerikanischen Überreichen minutiös beschrieben hat, ist »the quality of the conversation« die höchste Form von Luxus. Das heißt, ich habe ein Gegenüber als Gesprächspartner, das mich gerade nicht mit PR-Gequatsche oder Marketing-Floskeln zumüllt, sondern in der Lage ist, eine richtige Konversation zu führen. Das kann gehobener Small Talk sein – auch das alles andere als etwas Selbstverständliches! Es können intelli-

gente, der Situation angemessene Fragen sein, die mich weiterbringen. Oder es können vertrauensbildende Informationen sein. Nach dem Gespräch habe ich das gute Gefühl,
meine Zeit sinnvoll verbracht zu haben.

■ Chrystia Freeland, Global Editor-at-Large bei Reuters, ist
auf der von American Express veranstalteten Luxus-Kon-
ferenz 2011 noch einen Schritt weiter gegangen. Für sie ist
Luxus »Thought-Leadership«. Luxus ist Denken. Bono
oder Soros – wie man die Welt sinnvoll transformieren
kann.

All das sind nicht mehr Anzeichen eines Fokus auf materiellen Luxus oder Konsum, der das »Mehr vom selben« an-
reizt. Interessanterweise ist nach der Krise 2008/2009 das
schlechte Gewissen bei *conspicuous consumption* (demonst-
rativer Konsum) nicht verschwunden. Zeige wenigstens nicht
öffentlich, dass Du superreich bist. Eric Schmidt von Google
hat zwar einen Privatjet, aber den sieht niemanden, da er
nicht vor seinem Privathaus oder seinem Büro steht. Dafür
leistet er sich keinen Fahrer für seinen Wagen, sondern fährt
selbst. In China ist der zu offensichtlich zur Schau getragene
Aufsteigerluxus ein Problem für die Politmanager. Denn es
kann nicht plausibel erklärt werden, warum heute für die vielen die Lebensmittelpreise ins Unerschwingliche steigen, während Privilegierte sich jeden Überluxus erlauben können.

Jeder Versuch einer Neudefinition des Luxus muss selbstverständlich die anthropologischen Konstanten mit einkalku-
lieren. Menschen sind Statuswesen. Sie lieben Rivalität unter
ihresgleichen. Sie spielen gerne. Sie wollen Anerkennung und
Aufmerksamkeit. Deshalb ist es von entscheidender Bedeutung, wie sich die Vorbilder der Oberschicht verhalten – also
die weltbekannten Stars aus Film, Musik und Medien, die
Topmanager, die Multimilliardäre, bis hin zu den »Philan-

thropen« von Bill Gates und Warren Buffet über Bono bis Muhammad Yunus. Sie haben Vorbildfunktion. Wer viel bewegen kann dank seiner Position, kann auch politisch und gesellschaftlich viel beeinflussen.

Facebook-Gründer Mark Zuckerberg hat beschlossen, nur noch Tiere zu essen, die er selbst getötet hat. Das ist ein Anfang.

Eine neue Shoppingkultur

»Consume or die. That's the mandate oft the culture.«
Don DeLillo, 1997

Gibt es ein Nadelöhr, das für ein erfolgreiches Bewältigen des Age of Less durchschritten werden muss? Wenn wir global unterwegs sind, Menschen beobachten, ihren Alltag verfolgen, dann ist es wohl die Art, wie und was wir kaufen und konsumieren. Wenn es heute eine einzige Gemeinsamkeit gibt, die wirklich als global beobachtet werden kann, dann der Erfolg von Shopping, exemplarisch repräsentiert durch den anhaltenden Boom der Shoppingcenter. Es entsteht zurzeit nichts weniger als eine globale Shoppingkultur – egal ob in Kuala Lumpur, Istanbul, São Paulo, Hyderabad, Moskau, Dubai, Paris, Kairo, Berlin, Hongkong, Guangzhou. Die berühmten Slogans der amerikanischen Mega-Malls aus den 1990er Jahren – »Shop til you drop«, »Spend til the end«, »Buy til you die« – sind heute daran, eine globale Kultur zu gestalten: Die Shoppingcenter sind die Kathedralen der Gegenwart. Und sie sind auch die Prestigebauten von Regionen, ja Nationen. Sie sind überall das untrüglichste Zeichen, dass eine alte Welt verschwindet. Nähme man den Menschen das Shopping weg, würde die Welt wohl zusammenbrechen. Zuerst die westliche.

Die Anzahl der Menschen nimmt kontinuierlich zu, die täglich Smartphones wie selbstverständlich benützen, die Convenience-Food oder *gar ready to eat food* einnehmen, Mobilität buchen vom Carsharing-Toyota über die Lufthansa oder Air Berlin, über das Hybrid-Taxi oder ein Tuk-Tuk, über den

Limousinenservice bis zur S-Bahn. Wir genießen die Früchte der Zivilisation. Marken, die Wappen der Zeitgenossen, sind omnipräsent. Sie erfüllen den Sammeltrieb der modernen Menschen.

Dieser Shopping-Hedonismus ist in unsere Kultur hineingewachsen und dabei, sich zu globalisieren und überall selbstverständlich zu werden. Er mag regional unterschiedliche Ausprägungen und Präferenzen generieren, aber Konsum und damit die Nachfrage nach persönlichen Identitätskits prägen eine scheinbar irreversible Entwicklung. Nur wenn wir das besser verstehen, das Verhalten der Menschen sinnvoll beeinflussen können, haben wir den Hebel für ein erfolgreiches Bewältigen des Age of Less.

Die türkische, heute in Paris lehrende Wissenschaftlerin Nilüfer Gölä hat auf den Punkt gebracht, was die westliche Moderne in ihrem Kern ausmacht (und damit einen wesentlichen Unterschied zum Beispiel zur islamischen Welt hervorgehoben): Im Westen dominiert die Freiheit der Verführung. Nirgendwo drückt sich diese Freiheit plakativer, unmittelbarer und bislang erfolgreicher aus als im Konsum. Der Westen hat dadurch ein viel »sympathischeres« Antlitz erhalten als die rein produktionsorientierte, quasi konsumverweigernde Haltung des Ostens, damals vor allem natürlich durch die Sowjetunion oder die DDR repräsentiert. Dort gab es nur »Fusel«, keine anständigen Güter für den Alltag. Die Banane als Luxusgut – alles wurde dem Ideologieverdacht untergeordnet. Wer die Konsumkultur der Deutschen Demokratischen Republik erleben will, kann sie sich übrigens im DDR-Museum in Berlin ganz anschaulich vor Augen führen.

Wenn der Westen heute einen Vorsprung hat vor dem (inzwischen ja ganz anders auftretenden) Osten und den Emerging Nations, dann einen durch ausgeklügeltes Marketing und seine inszenierte Marken-Welt. Hermès, Ferrari, Rolex – Premium-, Luxus- und Kultprodukte sind der Vorsprung des Westens. Die gewaltige internationale Durchsetzungskraft von Apple ist das jüngste, aber sicher nicht das letzte Beispiel. Dieser Vorsprung ist nicht uneinholbar, aber dank seinem hohen Grad an Ausgeklügeltheit oder *sophistication* nicht so schnell kopierbar.

Moderne Menschen lassen sich durch Konsum verführen. Genauer: Sie lassen sich freiwillig und gerne durch Konsum verführen. Ob Kaffeemaschine, Handtasche, Big Mac oder SUV: Ich gehe nicht mehr shoppen, weil ich ein Bedürfnis habe. Ich gehe shoppen, um mich anregen zu lassen. Erst die Waren teilen mir mit, welche neuen Wünsche ich haben könnte. Sobald die alltäglichen Bedürfnisse befriedigt sind, vor allem die im Kalorienbedarf festlegbare Ernährung, wird Raum geschaffen für ein Begehren, das nicht mehr gestillt werden kann. Es geht also in der modernen Konsumkultur nicht mehr um Bedürfnisse, die befriedigt werden müssen, sondern um endlos zu ködernde Wünsche. Das ist einzigartig und kann ansonsten in keiner Kultur festgestellt werden. Marken und Marketing haben dazu den entscheidenden und erfolgreichen Beitrag geleistet. »Kult-Marketing«, wie ich das zusammen mit Norbert Bolz im gleichnamigen Buch Anfang der 1990er Jahre beschrieben habe, hat sich global als Erfolgsformel für unterschiedlichste Anbieter erwiesen. Marketing ist Gottesdienst am Kunden, und es funktioniert umso besser, je mehr anthropologische Erkenntnisse umgesetzt werden, die über die begrenzte ökonomische (*choices!*) oder soziologische (*constraints!*) Betrachtung hinausgehen.

Niemand kann diese konsumistische Kraft stoppen. Kein Geringerer als Mao war sich dessen schon in den 50er Jahren des letzten Jahrhunderts genau bewusst. Märkte und Marken waren für ihn »in Zuckerwatte gehüllte Gewehrkugeln«, die die gesetzlose Bourgeoisie gegen die Arbeiterklasse einsetzt, um deren Kampfgeist zu verweichlichen. Und genau so kam es auch – nur dass es nicht die Bourgeoisie war, die die Konsumkugel einsetzte, sondern die Führer von Maos Kommunistischer Partei.

Wir sind in unserer Seele, in unserem Herzen, in unserem Leib alle Konsumenten geworden. Konsum ist nicht wegzudenken. Jedes Age of Less muss also diese Sehnsüchte und die Lust an der Verführung berücksichtigen und hier ansetzen. Wer mit Moral und Verzicht beginnt und den Zeigefinger hebt, wird bei keiner Gruppe von Konsumenten Erfolg haben. Auch nicht mehr bei den Menschen der Emerging Nations. Was wir stattdessen benötigen, ist eine vernünftige Konsumkultur für das Age of Less. Die alten Exzesse mit rücksichtslosem Verschleiß sind möglich, solange sich nur ein oder zwei Milliarden Menschen im Wohlstand sonnen können. Durch die rasch wachsenden Mittelschichten in den Emerging Nations schwindet diese Möglichkeit mit jedem Tag ein bisschen mehr.

Das gilt insbesondere auch für den Spezialfall China – bislang noch die eine große Ausnahme von der globalen Konsumkultur. Noch leben die Chinesen mit ihren im Verhältnis zum BIP sehr tiefen Konsumausgaben im Zeitalter des Produktions- oder gar Investitionskapitalismus. Das Wachstumsmodell China basiert darauf, dass wenig konsumiert wird, die Produktivität wächst schneller als das Einkommen der Massen: In den USA fließen rund 70 Prozent des BIP in den Konsum, Deutschland liegt bei knapp 60 Prozent, und China 2010 bei rund 35 Prozent! Ein so niedriger Konsumanteil ist in Friedenszeiten für eine so große Nation geradezu beängstigend.

Konsumzielgruppen im klassischen westlichen Sinn sind dort bislang nur die Reichen und die Superreichen: die *sophisticated globals*, international reisende und bestens informierte Konsumenten, und die aufsteigenden *aspirationals*, eine regional verankerte Mittelschicht ohne internationale Erfahrung. Zum Teil orientieren sie sich an den großen internationalen Marken, zum Teil sind sie auf lokale *Near luxury*-Marken fokussiert. Diese Gruppen sind eine schmale Schicht, auch wenn sie aufgrund der Dimension von 1,3 Milliarden Menschen (oder 1,4 oder 1,5 – die Chinesen scheinen es selbst nicht zu wissen, wie ein Angestellter des Handelsministeriums auf einer Konferenz erzählte) sich schnell im achtstelligen Bereich befinden und rasant wachsen.

Die große Masse der Chinesen hingegen finanziert die Investitionen. Sie würden gerne konsumieren, können sich das aber nicht leisten. Daher ist China zwar ein Gigant, aber bezüglich Konsumkultur abgesehen von den urbanen Zentren mit hoher Visibilität und Medienpräsenz ein Zwerg, auch was den Vergleich mit anderen asiatischen Emerging Nations betrifft. Mit einer schnellen Änderung ist nicht zu rechnen, da Stabilität der höchste Wert für die Regierung ist. Allerdings kann China bezüglich Konsum nicht auf Dauer Außenseiter bleiben. Wir können nur darauf hoffen, dass das Land dann eine Konsumkultur entwickelt, die ökologisch und menschlich verträglicher ist als unsere eigene – ob von oben oder von unten initiiert, ob selbst erdacht oder von außen angeregt.

In der westlichen Welt haben wir den naiven Glauben gepflegt, dass der friedliche Konsum alle anderen Probleme löst – für jedes Problem das passende Konsumgut. Das ist ja bis zu einem gewissen Grad auch richtig: Friedlicher Konsum ist immer besser als Konflikte aller Art. Du brauchst einen schnellen Energiekick? Nimm einen Latte macchiato! Du brauchst Sofortberuhigung? Nimm Ritalin! Du willst dein Ego einpanzern? Nimm einen Porsche Cayenne! Allerdings wurde in dieser Phase des friedlichen Konsums auch eine Unzahl von Abhängigkeiten geschaffen, die heute nicht mehr haltbar sind. Die Abhängigkeit von Wachstum ist eine Falle, die uns zu zwingen scheint, mehr vom selben zu tun, sogar dann, wenn wir wissen, dass wir auf dem »Highway to Hell« unterwegs sind.

Wir werden also eine neue Shoppingkultur für das Age of Less brauchen. Ich möchte im Folgenden einige Hinweise geben, worauf diese neue Kultur achten muss:

Dematerialisierung: Der Anteil der materiellen und nicht ressourcenschonenden Ingredienzen an der Wertschöpfung eines Produktes nimmt kontinuierlich ab. Der Dienstleistungsanteil steigt und ebenso das Bemühen um ressourcenschonende Rezepte und Ingredienzen. Schauen wir uns das kurz im Zeitraffer an:

In den 1980er Jahren dominierte noch »greed is good«, weil mit dem Beginn der Deregulierung (Thatcher, Reagan) Optimismus in die Märkte floss und Finanzmarktinnovationen sozusagen als Konsumgut propagiert wurden (beispielhaft die von Michael Milken groß gemachten Junkbonds). Finanzmarktprodukte wurden plötzlich sexy, hatten Markenappeal und wurden zum Treiber der »wirklichen« Welt. Der Glaube an Wohlstandsvermehrung durch »Paper Entrepreneurialism« (Robert B. Reich) entstand, der »Yuppie« (young urban professional) verkörpert den Konsumhedonismus dieser Ära.

Einen großen nächsten Schritt brachte die Erlebnisökonomie in den 1990er Jahren. Der Fokus lag allerdings noch auf Fun/Spaß und viel Lärm (Hip-Hop, Techno und Grunge als willkommenes Schmieröl) um möglichst »Mehr vom selben«-Konsum. Die Inszenierungskunst überschattet das Produkt und macht auch einen hohen Teil der Wertschöpfung – und des Verschleißes – aus. Denn die 90er Jahre waren die Jahre der alternden (aber nicht älter werden wollenden) Baby-boomer, die langsam merkten, dass ihnen die Zeit davon-läuft. Die »Bobos« *(bourgeois bohemiens)*, wie sie von David Brooks absolut treffend genannt wurden, haben den Kon-sum massiv beeinflusst. Sie wirken bis heute nach.

In den nuller Jahren folgte die »Experience Economy« (Joseph Pine und James Gilmore): die bleibende Erfahrung mit der Sehnsucht der Authentizität und Identität. Auch wenn niemand so genau sagen kann, was Authentizität nun heißt, die »gefühlte« Realität bringt zum Ausdruck, dass in einer flachen, scheinbar grenzenlosen Welt Vernetzung stärker ist als Verwurzelung. Der böse Satz von Rem Koolhaas, Identi-tät sei Junkfood für Globalisierungsverlierer, bringt das auf den Punkt. Wer nicht mehr weiß, wohin und in welche Rich-tung die Reise geht, sucht nach Wurzeln, dem Echten und Bleibenden. Und auch hier ist Konsum ein Treiber. Zum ers-ten Mal schwingt nun »reflexiver Konsum« mit: Ressourcen sind nicht beliebig vorhanden und transferierbar. In der Er-nährung ist das sehr eindrücklich nachvollziehbar. Aber auch beim steigenden Interesse an nicht globalisierbaren Sport-arten wie Schwingen oder Hornussen in der Schweiz – wer kennt das schon?

Und jetzt in den 10er Jahren die Transformationsökono-mie. Nicht zufällig sind nun Spiritualität, lebensverändern-de Prozesse und Gesundheit Konsumhauptthemen. Sozio-kulturell parallel dazu verläuft die Entwicklung der »Yawns« (young and wealthy but normal). Die Anzahl der jungen Menschen wächst, die über die Gleichgültigkeit der Bobos erschrecken und bereit sind, wieder »normal« zu werden. Noch ist es zu früh, um sagen zu können, ob hier nicht be-reits eine neue »Silent Generation« entsteht (so eine berühm-te Titelgeschichte des *Time Magazine* aus dem Jahre 1950).

Diese würde analog zu jener Generation, die nach der großen Depression von 1929 aufwuchs, nicht mehr den großen Illusionen ihrer Eltern nachhängen, sondern realitätstauglicher, pragmatischer und leistungsbereiter sein. Auch das wäre ein gutes Signal für die Entstehung einer vernünftigeren Konsumkultur.

Virtualisierung: Was im Juli 1995 mit einem Internet-Buchladen namens Amazon begonnen hatte, hat inzwischen alle Branchen und alle Konsumentengruppen erfasst – sogar bei Luxusgütern boomt inzwischen das Online-Shopping. Uhren, Schmuck, Mode, ja sogar Ferraris oder Lamborghinis werden heute per Smartphone bestellt. Die Grenzen sind verschwunden, Hemmschwellen abgebaut. Auch Lebensmittel werden seit Jahren mit steigender Tendenz übers Netz bestellt – der englische Online-Gemüsehändler Ocado wurde bei seinem Börsengang im Juli 2010 mit fast einer Milliarde Pfund bewertet. Die Virtualisierung hat einen doppelten ressourcenschonenden Effekt. Zum einen eine logistische Optimierung: kleine Einkaufsmengen lassen sich intelligenter bündeln, überflüssiges Herumfahren wird vermieden. Zum anderen, und das dürfte weit schwerer wiegen, befreien sich die Händler von den Zwängen, physische Flächen bewirtschaften zu müssen. Die Ladenlokale in der Realwelt werden immer mehr zum Showroom, zum innovativen Pop-Up-Phänomen – und zu einer Art Appendix des virtuellen Ladens. Der Chef von Lacoste, José Luis Duran, sagte es bei der GDI-Handelstagung 2010 so: »Wir haben nur kleine Ladenflächen, meist an teuren Lagen. Für uns ist es eine Superchance, wenn wir nun den virtuellen Showroom für unsere Kunden und Fans haben, denn er ist ein wichtiges Mittel, um ihnen den Dialog mit unseren Angeboten zu ermöglichen. Und er kennt keine Grenzen wie der physische Raum.«

Dialogisierung: Der Einzelhandel als endverbrauchernahe Branche hat große Chancen, durch Nutzung von Social Media in einen kontinuierlichen Dialog mit seinen Kunden zu treten. Auf diese Weise kann der Händler die Sensibilität gewinnen für das, was wirklich der Sache dient: dass wir zu Win-win-win-Akteuren werden, also alle Beteiligten in der Wertschöpfungskette Einsicht bekommen in die Produkte, ihr Sourcing, ihren Kontext. In einem umfassenden Sinn wird dadurch der gesamte Prozess von Produktion, Distribution und Transaktion auch effizienter – wenn auch nicht unbedingt für den einzelnen Händler, der mitunter stark davon profitiert hat, einzelne Wertschöpfungsprozesse an seine Lieferanten oder auch seine Kunden auszulagern. Zudem wird manchen schmerzhaft klar werden, dass das Teilen von Kommunikation und Information auch ein Teilen von Macht bedeutet. Und das ist nicht einfach: Der Handel war es im Zuge der letzten Jahre gewohnt, seine ganze Macht auszuspielen: »Mehr vom selben« nach alter Manier. Jetzt soll – muss – er den Konsumenten ermächtigen. Doch auch für die Produzenten ergeben sich mit den neuen Medien Chancen, Terrain zurückzugewinnen – gut gemacht, können sie nicht nur neue Kanäle erschließen, sondern auch das Wissen der Konsumenten im Austausch besser nutzen und in die Produktentwicklung einfließen lassen. Wer sich da wie stark in Zukunft durchsetzen wird, ist noch offen.

Geteilte Verantwortung: Die immer weitere Spezialisierung der Spätmoderne führte zu einer potenziell immer weiter gehenden Verantwortungslosigkeit. Was man nicht mehr wollte, konnte oder weghaben wollte, wurde outgesourct. Jeder ist nur für seinen kleinen Sektor verantwortlich. Wenn der Händler im Winter Spargel verkauft, hat er das in den letzten Jahren immer damit begründet, dass der Konsument das so wünsche. »Wir richten uns nur an unseren Kunden aus.« Und wenn der Erdbeerjoghurt ohne ein einziges Gramm echten Erdbeergehalts verkauft wird, weil er damit noch 1,5 Cent billiger zu vertreiben ist, kommt wieder genau der gleiche Satz. Diese billige Ausrede ist heute nicht mehr angemessen. In Zeiten der Interaktivität wird auch die Verantwortung geteilt werden müssen. Zwischen Händler, Hersteller, Vorstufen, Endverbraucher. Und das ist eine gute Entwicklung.

Bewusster Konsum: Wir alle sind Konsummenschen geworden – die sich die alten Vorstellungen von Besitz, Eigentum und Konsum nicht mehr leisten können. Ob beim Essen (Gammelfleisch, Massentierhaltung, Fettleibigkeit) oder beim Energieverbrauch (»Peak Oil«, Atomausstieg): In einer globalen Welt mit immer mehr Menschen, in der Flexibilität und Mobilität an Bedeutung zunehmen, hilft nur ein reflexiver Konsum weiter. Also ein Konsum, der sich seiner eigenen Voraussetzungen bewusst ist. Der bewusste Konsum hat in den letzten Jahren zu verschiedenen neuen Segmenten geführt wie den Lohas *(lifestyle of the healthy and sustainable)* oder dem grünen Konsum, aber auch zu den Animal-Rights-Aktivisten, zu einer steigenden Zahl von Veganern und Vegetariern bei Studenten in aller Welt und zu vielen Bestrebungen, aus Dingen Dienstleistungen zu machen. Auch die Finanzinstitute bringen immer wieder neue Assetklassen, die sich um grün und nachhaltig bemühen.

Flexibler Konsum: Nicht nur die Produktion wird flexibler, auch der Konsum. Einerseits aus generellen Knappheitsgründen, wie etwa bei vielen Fischbeständen, andererseits weil er sich schneller an temporäre Verfügbarkeiten anpassen muss. Es ist besser, wir nehmen nichts mehr für selbstverständlich an. Vor Zuständen wie in der alten Sowjetunion mit den leeren Regalen brauchen wir uns dabei nicht zu fürchten.

Kollaborativer Konsum: Gemeinsam einkaufen, gemeinsam nutzen, gemeinsam kontrollieren, gemeinsam entsorgen. Im kollaborativen Konsum zeigt sich die große Stärke der Netzwerk-Welt. Sie ermöglicht einfaches Sharing aller Art: Collaborative Buying. Carsharing. Wohnungs-Sharing. Und sie ermöglicht Tauschen statt Lagern (und vergessen). Etwa von Sammelobjekten, die einem nichts mehr bedeuten, weil man inzwischen andere Hobbys hat. Aber ein anderer Mensch hat etwas, das ich begehre. Die Balance scheint zu kippen von einer Welt, die vor allem akquiriert, stapelt und stolz ist auf den Besitz, hin zu einer Welt, in der aus Freude eher Last wird.

Abb. 10: Aus Alt mach Neu

Aus Alt ...		... mach Neu
einsam konsumieren	→	teilen und gemeinsam konsumieren
horten, stapeln, lagern	→	tauschen
exklusiver Besitz und alleinige Nutzung	→	Timesharing
vernichten, wegwerfen	→	rezyklieren
materielles Produkt	→	Dienstleistung, Gastfreundschaft
Besitz	→	Erfahrung und Erlebnis
physischer Konsum	→	digitaler Konsum
Geld	→	neue Währungen

Wenn sich die Konsum- und Shoppingkultur in diese Richtungen weiter positiv entwickelt, verändert sich auch das Image des Konsumenten. Denn er ist heute kein angesehenes Wesen: eher ein dumpfer, unbewusster und, wie es der Name auch suggeriert, verzehrender Mensch. Er verändert, vernichtet, was in seine Hände oder in seinen Mund kommt. Das grässliche deutsche Wort »Verbraucher« sagt schon alles. Noch grauenhafter ist das Wort »Vertrieb«. Denn ich vertreibe ja nur, was ich nicht will, was ich loswerden will, und zwar mit Schlägen, damit es schneller verschwindet. Wissenschaft, Wirtschaft und Gesellschaft lassen es an Wertschätzung für den Shopper fehlen. Nur wenige qualitativ gute Forscher und Wissenschaftler beschäftigen sich überhaupt mit Shopping. Wenn ich hier Paco Underhill nenne *(The Science of Shopping; The Call of the Mall)*, James B. Twitchell *(Lead Us Into Temptation; Living It Up – America's Love Affair with Luxury; Where Men Hide)*, Gary Cross *(An All-Consuming Century)*, Gilles Lipovetsky *(L'Empire de l'éphémère; Les Temps hypermodernes)*, Alain Ehrenberg *(Le culte de la performance)* und Norbert Bolz *(Das konsumistische Manifest; Die Wirtschaft des Unsichtbaren)*, dann ist damit die Aufzählung eigentlich schon vollständig – und sie endet mit einem deutlichen Übergewicht der Angelsachsen.

Die deutsche Sprache ist übrigens nicht zufällig wenig geeignet, die Konsumkultur zu erklären – allerdings auch die französische nicht, die lediglich in der Genussbeschreibung punktet. Konsum und die hohe Affinität zu Konsumkulturen finden wir historisch betrachtet zunächst und primär im angelsächsischen Raum. Napoleon wird der Satz zugeschrieben, England sei »a nation of shopkeepers«, also »une nation de boutiquiers«. Damit meint er, reichlich abfällig, dass die Engländer unfähig zur Kriegsführung seien. Allerdings stammt der Begriff gar nicht von Napoleon: Zuerst hat ihn Adam Smith verwendet, der Begründer wohl nicht des modernen Shopping, aber einer friedlichen Shoppingkultur als Weg in die Zukunft, und zwar in seinem bahnbrechenden Buch *The Wealth of Nations* von 1776:

»To found a great empire for the sole purpose of raising up a people of customers may at first sight appear a project fit only for a nation of shopkeepers. It is, however, a project altogether unfit for a nation of shopkeepers; but extremely fit for a nation whose government is influenced by shopkeepers.«

Und in der Tat: England war im Aufschwung des 19. Jahrhunderts, dank Industrie und Handel, bald die führende Nation der Welt, vor Frankreich oder Deutschland. Sein Aufstieg, ergänzt im 20. Jahrhundert durch den Aufstieg Amerikas, ist der Aufstieg des friedlich konsumierenden Menschen. Wenn dieser Shopper und Konsument auch im 21. Jahrhundert eine zentrale Rolle spielen will, muss er die Art und Weise, wie eingekauft und konsumiert wird, dramatisch ändern. »Shoptimism« nennt es Lee Eisenberg im gleichnamigen Buch – und den brauchen wir, vor allem für das Shopping-Trendsetterland Amerika mit seinem immer noch starken Vorbildcharakter. Der Untertitel seines Bestsellers sagt, warum: *Why the American Consumer Will Keep On Buying No Matter What.*

ZEHN TO-DOS FÜR DAS AGE OF LESS

»Gott gebe mir die Gelassenheit, Dinge hinzunehmen,
die ich nicht ändern kann,
den Mut, Dinge zu ändern, die ich ändern kann,
und die Weisheit, das eine vom anderen zu unterscheiden.«
(Reinhold Niebuhr, US-Theologe, zugeschrieben und datiert auf
1941/1942)

»Mehr vom selben« bringt uns nicht mehr weiter. »Alles ganz
anders« wird aber auch nicht funktionieren – außer es treten Schocks ein, die uns zu radikalen Maßnahmen zwingen.
Vielmehr geht es um Fragen des vernünftigen Maßes, der
Gegenseitigkeit, der Freiwilligkeit, der sinnvollen Nutzung
von Technologie. Zwang soll, wenn immer möglich, vermieden werden. Denn ohne kontinuierliches Lernen gehen wir
tendenziell sowieso in eine maßlose Welt der Extremophilie,
in der korrektive autoritäre Entscheidungen unvermeidlich
werden. Noch können wir den »sanften« Weg gehen, *soft
power* einsetzen, mit Überzeugung, Rechtsstaatlichkeit und
Vernunft argumentieren und bewusst konsumieren. Aber die
Gratwanderung läuft bereits – und wir laufen mit. Hier eine
Liste von zehn praktischen Hinweisen, wie wir, und vor allem Sie, das Age of Less meistern können.

1. »Every litte helps« – Es geht um Ihr Verhalten

Erwarten Sie zuerst mehr von sich selbst, nicht von den »anderen«. Der Wandel beginnt mit Ihnen und Ihrem Verhalten.
Erhöhen Sie die Anforderungen an sich selbst, und kontrol-

lieren Sie sie. Der moderne Mensch als Bürger und Zeitgenosse fragt nicht, was andere, insbesondere der Staat, für ihn tun könnten, sondern tut selbst etwas – so das Credo des großen deutschen Liberalen Lord Ralf Dahrendorf.

»Every little helps« ist ein genialer Slogan der englischen Supermarktkette Tesco, der so viel bedeutet wie: Es zählen die kleinen Dinge, die man tut. Wenn viele »große Dinge« wie der Erdölpreis, die Währungskurse oder die Gesundheitskosten außer Rand und Band geraten, also scheinbar nicht mehr kontrolliert werden können durch mein individuelles Verhalten, wird umso mehr das im Alltag Messbare und Machbare wichtig. Die kleinen Dinge im Griff haben ist der Beginn von Vertrauen in das Umfeld. Da es für immer mehr Herausforderungen keine großen Lösungen oder Supermodelle mehr gibt, helfen nur die kontinuierlichen kleinen Schritte. Das braucht Zeit.

2. Nudge mal wieder – Schubsen Sie freundlich und sanft in die richtige Richtung

Erzwingen Sie nichts. Aber »schubsen« Sie freundlich und sanft – und bestimmt – die Dinge und die Menschen um Sie herum in die richtige Richtung. Der schöne Ausdruck *nudging* stammt von dem Wirtschaftspsychologen Richard H. Thaler und dem Rechtswissenschaftler Cass R. Sunstein, die aufzeigen, wie man Entscheidungen über Gesundheit, Wohlstand und Glück positiv beeinflussen kann – nicht erzwingen, nicht mit Brachialgewalt, aber bestimmt und bewusst. Mich hat besonders ihr Vergleich mit der Elefantenmutter beeindruckt. Sie schubst ihr Baby in die richtige Richtung, um ihm zu zeigen, wo das Futter ist. Aber die Mutter holt das Futter nicht selbst, sie versorgt ihr Junges nicht, ganz anders als die Vogeleltern, die ihren Kindern rund um die Uhr einen Komplettservice bieten. Sie hilft ihm nur auf den richtigen Weg. Sie bevormundet – aber nur ein bisschen, denn sie tut das, weil es für das Wohl aller Familienmitglieder förderlich ist. Klar ist heute: Eine sehr liberale Welt, die immer extremer wird, wird nicht überleben ohne einen gewissen maßvollen Sinn für Paternalismus. Auch das Age of Less braucht eine Prise davon.

3. Seid netz zueinander – und bildet damit soziales Kapital

Je besser die Menschen auf allen Ebenen informiert sind, desto handlungsfähiger und krisenresistenter werden sie. Es mag für viele befremdend wirken, wenn überall immer mehr »friends« auftauchen. Doch die Welt der sozialen Netzwerke ist nicht nur eine Tatsache – noch nie konnten wir uns so schnell, so einfach, so kostengünstig, so breit und so tief informieren –, sondern bietet auch noch nie da gewesene Chancen, den eigenen Horizont zu erweitern. Voraussetzung dafür ist lediglich, dass wir nur etwas persönliches Interesse und Neugier für unsere Umwelt aufbringen. Und unser Silodenken überwinden. Wir wissen doch eigentlich zur Genüge: Die wirklich spannenden Anregungen bekommen wir nicht aus denjenigen Netzwerken und Beziehungen, die wir immer wieder anzapfen und die uns vertraut sind (die sogenannten *strong ties*, starke Bindungen), sondern vielmehr von Beziehungen, die wir nur am Rande pflegen und mit denen wir uns vielleicht nur ein- oder zweimal im Jahr austauschen (also *weak ties*, schwache Bindungen). Wir Menschen brauchen beides: die vertraute Nähe genauso wie die Anregung von der Seite. Soziales Kapital bildet sich über die Pflege der richtigen Mischung von schwachen und starken Beziehungen, und den richtigen Mix können wir besser als je zuvor in unseren sozialen Netzwerken selbst bestimmen – ob sie nun Familie oder Clique, Wohnblock oder Team, Linkedin oder Facebook heißen.

4. Think global, act regional, live local. Gehdistanz schlägt Fahrdistanz

Die Globalisierer haben den »Tod der Distanz« verkündet, weil sich in der total vernetzten Welt alle Daten, Güter und Menschen schnell, ohne Bremsklötze und Pannen überallhin bewegen können. Für die Daten gilt das uneingeschränkt – aber für uns nur begrenzt. Denn selbst wenn wir uns dank der neuen Informationstools global sehr einfach informieren und austauschen, so muss der Bezug des Handelns immer auf eine Region zurückgebunden werden. Das sind für einige Fragen Nationen wie die Schweiz oder Deutschland, für andere Fragen Regionen wie Tirol oder Graubünden und für immer mehr Fragen Gemeinden oder gar Wohnviertel. Für das alltägliche Leben wird dadurch mein Nachbar immer wichtiger: Ein großer Teil der Lebensqualität wird darüber definiert, wer neben mir wohnt. Damit verwirklichen wir den »Tod der Distanz« auf ganz andere Weise, als es die Globalisierer prognostizierten.

Wenn das lokale Umfeld des Lebens an Bedeutung gewinnt, wird »Gehdistanz« viel wichtiger als »Fahrdistanz«. Gerade wenn wir von Lebensqualität in urbanen Zentren sprechen, die für viele Menschen die Zukunft sein werden. Ein Ziel zu Fuß erreichen zu können ist in einer Welt der »toten Distanz« wunderbar, nicht nur aus demografischen Gründen. Wir wissen, dass ältere Menschen nicht in Ghettos abgeschoben werden wollen, sondern gerne möglichst lange in einer Nachbarschaft leben, in der sie ihre täglichen Erledigungen mit einigen gemütlichen und gemächlichen Schritten bewältigen können. Das ist indirekt auch ein Beitrag zur Sicherung des Gesundheitssystems: Wer länger in einem vertrauten Umfeld leben kann, lebt gesünder und entlastet von unnötig anfallenden Kosten.

5. Konsumieren ist Macht – Gehen Sie bewusst mit ihr um

Wir alle sind heute konsumistische Menschen geworden. Das Age of Less hängt sehr wesentlich davon ab, ob und wie es gelingt, eine kluge Konsumkultur zu entwickeln. Das beginnt mit dem »bewussten« Konsum. Wir wissen aus der Ernährungsforschung, dass ich nur dann genießen kann, wenn ich ein minimales Verständnis von Produkten habe. Wenn ich meine Äpfel auf dem Wochenmarkt der Bauern einkaufe, erfahre ich von ihm mehr über die Produkte als in einem anonymen Supermarkt, wo ich sie einfach aus dem Regal nehme. Für die emotionale Bindung zum Produkt ist der Austausch entscheidend. Denn damit steigt das Wissen und das Verständnis. Und mit der Bindung steigt auch die Loyalität.

Die Konsumenten lernen, dass sie mit ihrem Portemonnaie ähnlich wie bei Wahlen und Abstimmungen in der Politik Einfluss nehmen können über die Angebote. Diese Macht besteht heute nicht mehr nur darin, dass wir zwischen den verschiedenen uns angebotenen Produkten wählen können – wir können auch immer häufiger selbst bestimmen, was ins Angebot kommt: Wenn wir etwas wirklich wollen, werden wir es auch bekommen. Aber wir sind mit unseren Kaufakten auch dafür verantwortlich, dass es in den Regalen gelistet bleibt. Das sind auch gute Voraussetzungen für den nachhaltigen Konsum: So wird im Austausch über Produkte auch die Qualität hinterfragt und Schritt für Schritt die ganze Wertschöpfungskette thematisiert.

6. Essen Sie weniger, aber dafür besser. Und bitte nicht mehr so effizient

Wir sind in der westlichen Welt stolz darauf, dass wir nur noch einige wenige Prozent unseres Einkommens für Ernährung ausgeben (USA noch 7 Prozent, Deutschland gut 10 Prozent und die Schweiz rund 8 Prozent). Das gilt bei Ökonomen sogar als Zeichen des steigenden Wohlstandes, denn es bestätigt ihre Annahme einer linearen Entwicklung der Wertschöpfung. Und in der Tat, das Resultat ist eindrücklich: Wir sind Weltmeister im effizienten Essen und Trinken geworden und zugleich Weltmeister in der nicht nachhaltigen Ernährung – mehr Snacking, mehr Junk und energiedichte Riegel, einsames Essen bei gleichzeitig parallel weiteren Aktivitäten.

Nun ist Effizienz zwar gut für Produktionsprozesse, aber nicht für die Ernährung. Essen ist keine industrialisierte Tätigkeit, Nahrungsmittel sind keine vollständig industrialisierbaren Produkte. Essen ist etwas Lebendiges – darum sprechen wir von Lebensmitteln. Es sind Mittel zum Leben. Und nicht Unterhaltungsmittel. Oder ein Zeittotschlaginstrument. Niemand braucht dreimal am Tag Fleisch – aber etwas weniger hyperindustrieller Junk täte gut. Niemand muss permanent essen (*snacking* oder *grazing* können wir das heute nennen). Dafür bewusster und bessere Qualität.

Friedliche Koexistenz beginnt beim richtigen Essen. Die Balance zwischen Wissenschaft (und immer technisch-industrieller hergestellten Produkten) und Romantik (und der verstärkten Wertschätzung für Handwerk, Manufaktur und überlieferte Produktionsweisen) zeigt den Weg: Wir werden auf wissenschaftliche Innovationen ebenso wenig verzichten wollen wie auf technische Maßnahmen zur Sicherheit der Produkte. Doch wenn nur noch Lebensmitteltechniker, Ernährungsberater oder gar Psychologen bestimmen, was wir essen, wird Ernährung zum stressigen Pflichtprogramm. Wenn Angst statt Lust dominiert, nehmen auch die Essstörungen weiter zu. Denn was Qualität, Geschmack oder Genuss ist, kann nie wissenschaftlich oder ökonomisch festgelegt werden. Dies hat vielmehr mit langjährigem Wissen, Erfahrung, Urteilskraft, mithin Kenntnissen von Zusammenhängen zu tun, die aus der Intimität mit lebendigen Produkten hervorgehen.

7. Essen Sie nie allein. Lieber gastlich als cocoont

Die Wurzel des Sozialen liegt im gemeinsamen Mahl. Es ist mittlerweile erwiesen, dass Kinder (und Erwachsene), die vorwiegend allein ihre Mahlzeiten einnehmen, ungesünder, weniger lustvoll und maßloser essen als Menschen in Gesellschaft.

Die Deutschen nennen es Gemütlichkeit, die Franzosen *convivalité* – Gastfreundschaft und Gastlichkeit können im Age of Less noch viel Gutes bewirken. Hospitalität richtig zu entwickeln, darum geht es in Zukunft. Die Wurzel des Wortes vereint ja heute immer wichtiger werdende Gegensätze: Das lateinische Wort *hostis* ist zugleich der Fremde wie der Feind – aber auch der Gast, dem man Gastfreundschaft gewährt. *Hospitalis* heißt zu den Gästen oder den Gastfreunden gehörend. Der Gastwirt spielt eine herausragende Rolle als Brücke und Vermittler zwischen dem, was als Fremdes erscheint und daher zunächst einmal Feindliches: gegenüber der eigenen Identität, gegenüber mir selbst. Durch die Gewährung der Gastlichkeit wird ein Ort wirtlich: Das Fremd-Feindliche wird durch die Gastfreundschaft zum Gastwirtlichen.

Die Redensart »Liebe geht durch den Magen« ist sicher nicht falsch. Ob wir Menschen oder Nationen, heute häufig

Regionen mögen, hängt sehr stark von unserer Beziehung zum Essen ab, das wir vor Ort kennenlernen. Das gilt – um nur einige Beispiel zu nennen – für Japan oder Thailand genauso wie für die Toskana oder Südtirol. Weil auch hier die ganzheitlich verstandene Sinnlichkeit entscheidend ist: Es geht um Geschmack, der sich über den Geruch und die übrigen Sinne herausbildet. Wenn wir sagen »den mögen wir nicht riechen« oder »das schmeckt mir nicht«, sind damit harte Urteile ausgesprochen. Für den wichtigsten westlichen Philosophen der letzten 150 Jahre, Friedrich Nietzsche, war nicht zufällig die Nase unser edelstes Organ.

8. Hören Sie auf den Common Sense. Faustregeln sind Überlebensweisheiten

Eine immer stärker wissenschaftlich-technische Welt delegitimiert altes, überliefertes Wissen und ersetzt es durch neues. Der starke Trend zur Echtzeitorientierung führt automatisch zur Übergewichtung des aktuellen Standes als des maßgebenden. Damit verkennen wir, dass neues Wissen einfach einmal »anderes« Wissen ist, das zwar neue Perspektiven bietet, die wertvoll sein können. Aber nicht zwangsläufig immer auch »besseres« Wissen. Wir sollten das Wissen der Vergangenheit, auch das ländliche oder bäuerliche Wissen, das sich über Jahrhunderte akkumuliert hat und insbesondere mit Faust- und Klugheitsregeln sich nützlich zeigt, nicht einfach als lächerlich oder überholt abtun. Es ist zumindest ergänzend-korrektiv wertvoll. Noch immer sind ländliche Lebensweisen und Regeln, die aus der Sinnlichkeit (Common Sense, gemeine Sinne, gesunder Menschenverstand) gewachsen sind, häufig robuster und nachhaltiger als das tolle urbane *fast life* mit seinen pasteurisierten Annehmlichkeiten. Der Common Sense ist unerlässliche Quelle für Entscheidungen, auch in der Hightech-Welt. Er ist in vielen Fällen mindestens so verlässlich wie eine groß angelegte Berateranalyse. Denn die alten Regeln sind Überlebensregeln und nicht Regeln, mit welchen Tricks ich mich noch mehr auf Kosten von anderen bereichern kann. Sie sind transportierte Erfahrungen mit einer übermächtigen Natur, mit Schicksalsschlägen, mit Unvorhergesehenem. Und damit beste Prävention vor Herdentrieb und gröberen Dummheiten.

9. Lassen Sie Ihren Kindern noch etwas übrig. Auch wenn Sie keine haben

Wer immer Ihnen die Frage nach der Sinnhaftigkeit der Nachhaltigkeit stellt, Sie können mit der Gegenfrage kontern: »Haben Sie Kinder?« Wer Kinder hat, hat auch einen rationalen Grund, in deren künftige Umwelt und Lebensqualität zu investieren – oder gewisse Dinge zu unterlassen. Das war schon so, als der Begriff der Nachhaltigkeit in der deutschen Forstwirtschaft im 18. Jahrhundert geprägt wurde. Damals galt es, Rücksicht zu nehmen beim Abholzen: Bitte nur so viel, dass die Bestände wieder ordentlich nachwachsen können, damit die nächste Generation keinen Mangel erleiden muss. Genau das ist der Punkt der Nachhaltigkeit: Sie macht nur Sinn, weil es eine nächste Generation gibt, für die es sich lohnt, lebbare Lebensverhältnisse zu hinterlassen.

Der schnelle Wandel, der uns überfordert, führt dazu, dass immer mehr Zukunft auf die Gegenwart hinunterschrumpft – wir erkennen gar nicht mehr, dass wir bereits die Zukunft verzehren. Wir schauen nur noch nach rechts oder links, auf das, was der andere tut, statt dass wir uns um eine lebenswerte Zukunft bemühen. Aber gleichzeitig wächst in der sich immer stärker vernetzenden Welt das Bewusstsein dafür, dass alle, die nach uns kommen, unsere Kinder sind – ob sie nun

Ihre Gene tragen oder nicht. Bemühen Sie sich, sie wie Ihre Kinder zu behandeln. Wir leihen schon viel zu viel von der Zukunft: Sie persönlich genauso wie Ihre Regierung und die gesamte menschliche Gattung.

10. Freiwilligkeit ist der Preis der Freiheit

Eine robuste Gesellschaft hat eine hohe Bereitschaft für Freiwilligkeit. Freiheit ist immer die Freiheit der anderen, also immer nur möglich, wenn wir gegenseitig leben und leben lassen. Wo immer nur durch Zwänge (Verbote, neue Gesetze) und durch stärkere (finanzielle) Anreize Verhaltensänderungen erzwungen werden, kann keine Robustheit erwartet werden. Der Anteil der freiwilligen Einsicht muss wachsen: Wenn ich egoistisch nur meinen Weg verfolge oder immer nur auf andere, noch üblere Beispiele verweise, wie das heute vielfach üblich ist, werden wir das Age of Less nicht meistern können.

Das heißt etwa: Freiwillig ehrenamtliche Arbeit übernehmen. Freiwillig selbst anpacken statt einfach Geld spenden, weil es bequemer und unverbindlicher ist. Dabeibleiben, auch wenn man abhauen könnte, weil es viel billiger ist. Freiwillig Handtücher und Wäsche in Hotels mehr als eine Nacht benutzen. Freiwillig auf einen sparsamen Umgang mit Energie achten. Freiwillig fair bezahlen – für eine entsprechende Leistung. Freiwillig »steuerehrlich« sich verhalten (was für ein tolles Trendwort!). Sich nicht erpressen lassen von Großen oder Starken und dadurch neue Privilegien schaffen. Freiwillig selber einkaufen und vor allem kochen (Männer). Freiwillig in der Nähe Ferien machen und die Region besser kennenlernen.

Freiwilligkeit ist eine Tugend, die weder der Markt noch der Staat pushen kann. Sie entsteht nur in einem Umfeld starker ziviler Gesellschaften, die das Gespür für Gemeinsinn und Freiwilligkeit haben. Dass wir einen starken Markt brauchen, um leistungsfähig zu bleiben, ist geschenkt. Dass wir einen starken Staat brauchen, der durchsetzungsfähig ist, ist geschenkt. Das dritte Element ist das entscheidende: eine starke Zivilgesellschaft, die die Macht der Großen auf dem Markt wie im Staat relativiert.

Ohne Freiwilligkeit keine Einsicht in den notwendigen Wandel. Niemandem war das besser und deutlicher bewusst als dem großen Unternehmer Gottlieb Duttweiler, der immer zwischen den Polaritäten und einfachen Unterscheidungen das dritte Element gesucht hat, das mehr Robustheit bringt.

3. WIE UNTERNEHMEN SICH POSITIONIEREN KÖNNEN

Das Age of Less ist bei Managern nicht sehr populär. Jeder möchte schließlich, dass seine Abteilung, sein Bereich, sein Unternehmen wächst: Daran hängt die Vergütung, daran hängt das Selbstbewusstsein, daran hängt das Image im Unternehmen, bei Kollegen und Konkurrenten. Das gilt sogar in Branchen, die geradezu chronisch schrumpfen, wie etwa die Brauindustrie, und es gilt umso mehr natürlich in Wachstumsbranchen. »Wenn wir nicht wachsen, macht es ein anderer«, heißt es dann meist achselzuckend.

Einerseits stimmt das: Aus der Logik des Zahlenwachstums, des »Mehr vom selben«, auszusteigen, das wirkt ein bisschen wie jene Öko-Aussteiger, die sich in den 1970er und 1980er Jahren in Landkommunen zurückzogen, um ihre persönliche Alternative zur Wachstumslogik zu verwirklichen.

Und andererseits stimmt das natürlich nicht. Wenn eine Unternehmensstrategie nicht nachhaltig ist, muss sie irgendwann gewechselt werden. Es geht also nicht um das Ob, sondern nur um das Wann und Wie. Wir alle müssen unsere Geschäftsmodelle ändern – die einen schneller und radikaler als die anderen. Anschauungsunterricht bieten zurzeit die Finanzinstitute. Und da herrscht noch viel Unbehagen, wenig Mut. Im Wandel der Strukturen sind sie schon Profis – der Alltag der letzten Jahre hat schließlich eine Restrukturierung nach der anderen gebracht. Aber Kulturwandel? Das ist eine höhere Ebene. Sie verlangt Zivilcourage, Selbstbewusstsein, unkonventionelles Durchsetzungsvermögen oder eben Leadership, Führung – *Yes, we can, if we really want.* Man kann sich davor drücken, wie jener Printmedien-Manager, der genau erkannte, dass sein Verantwortungsbereich dem Internet nicht würde standhalten können – und seinen ganzen Ehrgeiz darauf richtete, dass der Niedergang erst nach seiner Pensionierung spürbar werde. Aber nennt man das nicht eigentlich: Feigheit? Und ist so etwas eines Managers würdig?

Auch im Age of Less werden Unternehmen gebraucht. Aber ganz andere als in den wachstumsseligen Zeiten, mit anderen Strategien, anderen Organisationen, anderen Produkten. Dafür braucht man nicht nur »Helden des Rückzugs« (Hans Magnus Enzensberger über Michail Gorbatschow), sondern auch Persönlichkeiten und Unternehmen, die in der Neuordnung ihre Chance erkennen und nutzen.

Nachhaltiges Vertrauen

Nachhaltigkeit ist ein urunternehmerischer Begriff. Geprägt wurde er 1713 von dem sächsischen Juristen und Oberberghauptmann Hans Carl von Carlowitz in seinem forstwirtschaftlichen Bestseller *Sylvicultura Oeconomica*. Eine »continuierliche beständige und nachhaltende Nutzung« der Wälder forderte Carlowitz darin: Man solle nur so viel Holz schlagen, dass wieder rechtzeitig genügend nachwachsen kann für die kommende Generation.

Der schonende Umgang mit natürlichen Ressourcen war also der Ausgang. Aber schon in der industriellen Revolution, die uns nicht gerade als die Epoche der Nachhaltigkeit in Erinnerung geblieben ist, wurden neue Themen integriert. Zumindest diejenigen Unternehmen, die wir auch heute noch kennen, haben damals nicht nur auf Profit, sondern auch auf nachhaltige und dauerhafte Existenzsicherung gesetzt. »Für einen kurzfristigen Gewinn möchte ich die Zukunft nicht riskieren«, sagte Werner von Siemens vor mehr als 100 Jahren – sein Unternehmen besteht noch immer. Für den Migros-Gründer und europäischen Handelspionier Gottlieb Duttweiler (1888–1962) war unbestreitbar, dass unternehmerisches Handeln weitsichtig sein muss: Eine zu enge betriebswirtschaftliche Sicht ohne den volkswirtschaftlichen Kontext und damit die Rücksichtnahme auf die gesellschaftlichen Voraussetzungen wird nicht nachhaltig erfolgreich sein können. Und ohne die enge Verbundenheit, die die Eigentümer des Krupp-Konzerns seit der Mitte des 19. Jahrhunderts mit ihren Arbeitern praktizierten, wäre von dem Unternehmen nach dem Zweiten Weltkrieg wohl kaum etwas übrig geblieben: Die Kruppianer retteten den Eignern den Konzern und sich den Arbeitsplatz.

Nachhaltigkeit ist also schon lange mehr als ein rein ökologisch definierter Begriff. Er behandelt seit seiner Entstehung das Spannungsfeld von Wirtschaft und Ökologie, und in den letzten Dekaden dehnte er sich in die Themenbereiche Wirtschaft, Ökologie, Soziales und Gesundheit aus und soll diese umfassenden Themenkomplexe integrieren.

Und Nachhaltigkeit ist ohne jeden Zweifel ein Schlüsselbegriff für das Age of Less. Es muss gelingen, diesen heute in der Öffentlichkeit eher diffus besetzten Begriff, der vor allem unlösbare Herausforderungen vereint, inhaltlich konsequent zu füllen und Wirtschaft und Politik davon zu überzeugen, dass es Sinn macht, für uns und die folgenden Generationen in überlebensfähige Systeme und Strukturen zu investieren.

Je nach Land wird das Thema Nachhaltigkeit unterschiedlich bewertet. Das liegt zum einen am ungleichen Entwicklungsstand der Gesellschaften: Jeweils das, was gerade am stärksten als »nicht nachhaltig« auffällt, bestimmt die öffentliche Debatte. Wohlstandsnationen haben da einen ganz anderen Zugang als Emerging Nations. Bei den einen ist etwa Lichtverschmutzung als zentrales Gesundheitsthema plötzlich wichtig geworden, weil die elektrisch erhellte Dunkelheit zum »Verlust der Nacht« in unserem globalen Vierundzwanzig-Stunden-Leben führt. Bei den anderen spielen Luftverschmutzung, Abfallberge und der Raubbau an der Natur eine wichtigere Rolle.

Und das liegt zum anderen an national-kulturellen Unterschieden. So wie Lebensauffassung und -art in Deutschland, der Schweiz und den USA unterschiedlich waren, sind und bleiben werden, so sind es auch ihre Nachhaltigkeitsauffassungen. Am Beispiel der Ernährung – einer Schlüsselkategorie – möchte ich das kurz erläutern.

In den USA herrscht relativ großer Optimismus, dass die Herausforderungen gelöst werden können, doch gibt es dabei sehr unterschiedliche Wahrnehmungen, je nach politischer Verortung und sozialer Schicht. Während Bio-Ketten wie Whole Foods einen sehr guten Job machen, ihr Marketing im Laden und in den sozialen Netzwerken permanent updaten, in Echtzeit in Blogs von Einkäufern über ihre Lieferanten berichten und bei den Kunden hohe Akzeptanz haben, hat sich für die Angehörigen der untersten Schichten praktisch nichts geändert. Sie sind die typischen Kunden der alten Fast-Food-Ketten und des Junkfood geblieben. Mehrwertprodukte können sie sich kaum leisten – das beste Preis-Kalorien-Verhältnis haben immer noch energiedichte, zucker- und salzintensive, häufig mit Glutamat angereicherte Massenprodukte. Nachhaltigkeit ist im Land der unbegrenzten Möglichkeiten eine Herausforderung der sozialen Schichten und Einkommen.

In Deutschland spielt der Preis eine noch größere Rolle als in den USA; zudem gibt es dort ein weniger großes Potenzial an Qualitätskäufern. Den Deutschen ist nämlich nicht die Qualität, sondern die Sicherheit der Lebensmittel das Wichtigste. Lebensmittel müssen in Deutschland genau so wie die Finanzanlagen »sicher« sein – was immer das genau heißen mag (vergleiche auch die Garantie Angela Merkels für Spareinlagen anlässlich der großen Krise von 2008). So kann etwa der deutsche Bierliebhaber dank des staatlichen Reinheitsgebots davon ausgehen, niemals vom Anbieter vergiftet zu werden. Egal wie tief der Preis, der Staat garantiert Sicherheit. Bier ist sicher. Dazu kommt die Gemütlichkeit, im geselligen Rahmen das Bier zu trinken. So ist denn auch Regionalität und gemeinsamer Verzehr der Aufhänger für Nachhaltigkeit in Deutschland. Gemeinsam genießen und die Region ehren.

In der Schweiz finden nachhaltigkeitsbewusste Foodpro-
duzenten weit bessere Bedingungen vor. Genuss und Qualität haben dort einen höheren Stellenwert als Preis und Sicherheit. Auch die großen Einzelhändler wie Migros oder Coop
Schweiz haben sich Nachhaltigkeit detailliert auf die Fahnen
geschrieben und werden von ihren Kunden daran gemessen.
Ähnliches gilt auch in Österreich (vor allem für Spar) und in
Italien, vorbildhaft in Südtirol und bei Coop Italia.

Von unterschiedlichen Niveaus ausgehend, ist in ganz Europa eine Stärkung des Nachhaltigkeitsgedankens in der Ernährungsindustrie und im Lebensmittelhandel zu beobachten.
In Deutschland hat die Rewe-Gruppe mit Joschka Fischer
2010 sogar einen ehemaligen Vizekanzler und Pionier der
Grünen als Berater für Nachhaltigkeit engagiert. Für die
britischen Konzerne Tesco oder Marks & Spencer ist das
Thema breit abgestützt. Die Franzosen tun sich generell etwas
schwerer mit dem Thema, aber auch hier ziehen die Groß-
verteiler nach und nach mit. Selbst im Land der Gourmets
ist klar geworden, dass der bloße Bezug auf Tradition und
vergangene Leistungen nicht mehr genügt, um die heutigen
Konsumenten zu überzeugen. Die Franzosen wissen aber, dass
sie vor allem auch als große Agrarnation – die mit vielen
großen Herausforderungen zu kämpfen hat – nicht mehr
einfach so weitermachen können wie bisher. Zu viel auch an
Mehrwertoptionen steht auf dem Spiel. *La France rurale*, das
ländliche, tiefe Frankreich, leidet. Und muss dringend auf
den Nachhaltigkeitszug aufspringen, um weitere hohe Subventionen zu rechtfertigen.

Auch Spanien leidet, die Agrarnation kämpft noch mehr
als Frankreich um den Anschluss. Den Iberern hängt immer
noch der Ölskandal von 1981 nach, als mehr als 200 Menschen an gepanschtem Speiseöl aus Spanien starben. Aber sie
haben in den letzten Jahren imagemäßig stark aufgeholt: Die

gehobene Küche hat sich ganz nach oben geschoben, wenn auch vorwiegend im Schlepptau des genialen Kochkünstlers Ferran Adrià mit seinem Restaurant El Bulli. Ein positiver Nebeneffekt der katastrophalen Immobilienpolitik ist zudem, dass der Tourismusstrom dazu beigetragen hat, spanische Esskultur und vor allem auch die Weine international bekannter zu machen.

So viele Länder, so viele Nachhaltigkeiten. International agierende Unternehmen stehen damit vor einer doppelten Herausforderung. Zum einen den jeweiligen nationalen oder regionalen Gepflogenheiten zu entsprechen: *all business is local*. Und zum anderen nirgends auch nur einer einzigen all jener regionalen Vorstellungen zu widersprechen. So könnte sich beispielsweise ein Bekleidungsunternehmen in Russland oder Nordasien mit Pelzmode naturnah und nachhaltig positionieren – liefe dabei aber gleichzeitig Gefahr, sein Image und seine Marktposition in den USA und Europa zu gefährden, wo pelzkritische Tierschützer einen starken Einfluss ausüben.

Das wirkt ein wenig so, als könne dabei nur ein kleinster gemeinsamer Nenner herauskommen, ein weichgespültes Wischiwaschi – nur ja niemand auf die Füße treten. Und vieles, was Unternehmen heute unter der Überschrift »Corporate Social Responsibility« oder »Sustainability« von sich geben, klingt auch in der Tat eher wolkig als wirkungsvoll. Aber das ist der falsche Weg. Gerade wir in Europa, ob Konsumenten oder Unternehmen, haben eine Verantwortung beim Thema Nachhaltigkeit. Wir können nicht darauf warten, dass jemand anderes die Initiative übernimmt, wir sind es, die sie ergreifen müssen. Wir haben die besten Voraussetzungen dafür, denn:

Wir sind vielfältig. Europa hat einen großen Vorteil gegenüber den USA, und der liegt in der Dichte der Menschen, die in überschaubaren und historisch angereicherten Räumen zusammenwohnen. Die Vielfalt der Kulturen und Vorstellungen, die ein gegenseitiges Verständnis und kluge Kompromisse voranbringen können. Wir sind aufeinander angewiesen und können, siehe zuletzt die Euro-Debatte, uns nur gemeinsam weiterentwickeln und nicht mehr gegeneinander. Wenn wir mehr und mehr voneinander abhängig sind, überleben wir nur mit besserem gegenseitigem Verständnis. Die europäische Stärke liegt in ihrem sozialen Fundament: Deutschland, Frankreich, Skandinavien, auch die Schweiz oder Österreich, die Engländer haben mit ihren Institutionen »rationale« Voraussetzungen für ein soziales Europa geschaffen. Daran gilt es anzuknüpfen. Ohne Empathie keine Nachhaltigkeit.

Wir haben die Infrastruktur. Überall sonst müssen die Menschen noch kräftig investieren, um ihr Zusammenleben sauber und vernetzt zu organisieren, in Europa ist auch diesbezüglich alles schon da. Nehmen wir nur die Schweiz, im internationalen Vergleich mit ihren 7,8 Millionen Einwohnern auf weniger als 20 000 Quadratkilometern (Berge, Seen und Flüsse abgezogen) nicht viel mehr als eine große Stadt. Das Verkehrsnetz ist hervorragend, sowohl für öffentlichen als auch für Individualverkehr, die Versorgung mit Wasser, Wärme, Licht und Kommunikation, die Entsorgung von Wasser oder Müll, ja generell die Infrastrukturen sind geradezu paradiesisch. Wir müssen uns also nicht so sehr um den Ausbau der Netze kümmern, wir können uns auf die Umnutzung konzentrieren.

Wir sind urban. Urbanität ist entgegen einer landläufigen Meinung der Treiber für Nachhaltigkeit. Es sind immer mehr die großen Städte und deren zugewandte Regionen, die zur

Anlaufstelle für größere Projekte in einer vernetzten Welt werden. Attraktive Städte ziehen attraktive Jobs und attraktive Menschen an. Analoges gilt für die mythischen Städte wie London oder Paris, aber auch andere große Städte wie Berlin, Wien oder Madrid oder Athen würden sich wunderbar eignen, grün, mobil alternativ und nachhaltig zu werden.

Und der vielleicht wichtigste Punkt: **Wir sind nicht die USA.** In vielen Bereichen des Wirtschaftslebens verlassen wir uns darauf, dass von dort die Impulse kommen. Ob Konsum, ob Banking, ob Entertainment, die USA sitzen am Steuer. Aber eben nicht im Bereich Nachhaltigkeit. Das »Go West, young man« gilt als Metapher weiterhin: Man kann erobern, aufbauen und dann aber auch zerstören und wieder verlassen – einfach weil der Raum fast unendlich scheint. Das Age of Less ist – das habe ich in vielen Gesprächen mit amerikanischen Freunden erlebt – dort ein ziemlich schwieriges Unterfangen. Denn die schiere Weite des Landes macht seine große Faszination aus und relativiert solche scheinbar einengenden Gedanken: Ich kann mit dem Auto stundenlang fahren, ohne jemandem zu begegnen, die Natur ist tatsächlich in vielen Staaten wunderbar, Wasser in Hülle und Fülle vorhanden und Energie bei entsprechender politischer Strategie ebenso.

Nicht einmal mit Qualität lässt sich dagegen anargumentieren. Besser, das ist okay – aber besser und dafür weniger, das leuchtet dort keinem ein. Wenn das Glas leer ist, wollen sie einen *refill*, nicht ein kleineres Glas mit anderer Qualität. Das bestimmen sie dann schon selbst. Die Amerikaner stehen wieder auf, wenn sie unten sind. Sie greifen an, wenn sie sich moralisch im Recht fühlen. Und sie sind in der Selbstwahrnehmung deshalb auch die Stärkeren. Vielleicht verkörpert das amerikanische Investmentbanking diese Mentalität am stärksten.

Europa wird also den Weg zur konsequenten Nachhaltigkeit erst einmal allein beschreiten müssen. Wenn aber dieser Weg auch noch in ein erfolgreiches Age of Less führen soll, werden wir die USA mitziehen müssen, auch wenn die Voraussetzungen nicht einfach sind. Hierfür wird Technologie eines der Schlüsselwörter sein. Denn die Amerikaner legen größten Wert auf Unabhängigkeit. Und weil sie die Technologie für die Unterstützung ihrer Unabhängigkeit einsetzen wollen, sind sie technophiler als die Europäer. Sogar »social« dreht sich für sie weniger um Menschen und mehr um den technischen Support: Man ist mit mehr Gigabyte schneller und komfortabler angeschlossen. Wichtig ist, was die Unabhängigkeit steigert, nicht das soziale Wohlfühlen. Das heißt, dass die Amerikaner zwar bei neuen Technologien im Zusammenhang mit Nachhaltigkeit mitspielen werden, aber starken Widerstand leisten werden, wenn es um Empathie und soziale Fragen geht. Die Tea Party ist nur ein kleiner Vorgeschmack davon.

»Small is beautiful«

»Wo immer etwas fehlerhaft ist, ist es zu groß.«
Leopold Kohr, 1986

Zu groß, zu abstrakt, zu komplex. Das ist die Kürzestformel für entgleisende Entwicklungen. Je größer, abstrakter, komplexer, desto mehr steigt der Zwang, nur noch über ganz wenige überfliegende Kennzahlen zu führen, die gegenüber den konkreten Realitäten und Bedürfnissen von Menschen und Natur gleichgültig sind: Kunden werden zur undifferenzierten Masse statt zu Individuen, Abteilungen an immer komplizierteren Kriterien gemessen, während die Schnittstellen (tolles Wort) sich vervielfachen und so der Koordinationsaufwand kontinuierlich zunimmt. Führung wird so leicht zum Management von Halluzinationen. Wir vergessen, dass nicht nur wichtig ist, was man führt, sondern auch, wie man führt; dass Technologie per se nicht ein Vorteil ist, sondern vielmehr entscheidend ist, was die Menschen daraus machen.

Wer nur in Großstrukturen sich bewegt, mit dem Laptop die Welt aus dem klimatisierten Büro im 47. Stockwerk sieht, die Realitäten nicht mehr »hautnah« und »von Angesicht zu Angesicht« erlebt, wird schnell weltfremd, weil er das Gespür für das sinnvollerweise Machbare verliert. Die Weltfremdheit steigert sich noch, wenn man von Stäben und Beratern aller Art umgeben ist: Die wollen ja gerne teilhaben an der Magie der Macht und der Weltveränderung, an realistischer Erdung haben sie kein Interesse.

Reale Konzerne als eine Art von Traumfabriken – das ist leider nicht unterhaltsam, sondern gefährlich. Denn die Risikowahrnehmung und -einschätzung verändert sich, wenn man keine Bodenhaftung mehr hat, vorwiegend mit seinesgleichen verkehrt, die Silomentalität pflegt und sich von Spezialisten bedienen lässt. Natürlich ist zu viel Romantik nicht angebracht, aber dennoch gilt: Den kleinen und mittleren Unternehmen geht es da besser. Sie haben aufgrund ihrer Position im Wettbewerb gelernt, mit Geld klug umzugehen, sprich: Verzicht zu üben. Die interne Kontrolle läuft informell und funktioniert schnell, nicht über große, zum Teil outgesourcte Apparate und formalisierte Mechanismen, und ist somit mehr vom Augenmaß und Gegenseitigkeiten geprägt. Je größer man ist, desto leichter wird es auch, jeden modischen Trend mitzumachen und dabei viel Geld zu versenken – so sind es jetzt auch die großen, über viele Jahre und Jahrzehnte gewachsenen Organisationen, denen der Umgang mit billigem, leicht verfügbarem Geld nicht gutgetan hat.

Denn deren Wandlungsfähigkeit ist in den überwiegenden Fällen gering. Man mag immer wieder Chefs auswechseln, Hierarchieebenen eliminieren, Reorganisationen durchführen, die Investoren neu zusammenstellen – die Kultur bleibt die gleiche. Strukturwandel ist auf der Oberfläche *easy*, es genügt eine durchsetzungsstarke Führung, die die Dinge neu benennt und gut kommuniziert. Die Kultur aber bleibt, und »das System« kippt sofort wieder in die alten Muster zurück. Es ist auch kein Zufall, dass heute die biologischen Metaphern in Organisationen Einzug gehalten haben. Man glaubt, es sei unabdingbar, der Stärkste oder der Größte sein zu müssen. So übersetzen viele naiverweise »survival of the fittest«. Aber wer Englisch beherrscht, weiß natürlich, dass fit ja gerade nichts mit Sport zu tun hat, sondern einfach die Fähigkeit bezeichnet, sich im richtigen Moment anzupassen. Und dafür hat in einer flexiblen, mobilen Welt gerade nicht der Große die besten Voraussetzungen.

Die Mehrzahl der heute dominierenden Großorganisationen ist naturgemäß noch amerikanisch (auch wenn der Wandel in Richtung Osten beziehungsweise Asien bereits offensichtlich ist): die sehr spezielle und prägende Kultur von »Corporate America«. Wobei nicht *America*, sondern das *Corporate* das Problem ist: Kolosse, die wie Öltanker in voller Fahrt funktionieren, sind gar nicht in der Lage, einen einmal eingeschlagenen fatalen Kurs in angemessener Zeit zu ändern. Zu viele profitieren, zu viele zu komplexe Abklärungen müssen noch gemacht werden. Selbst Konzerne wie die mit ihrem Kollaps die Finanzmarktkrise auslösenden Lehmann Brothers, also eine mittelgroße Investmentbank, sind schon zu groß, als dass sie noch vernünftig liquidiert werden könnten – wenn überhaupt. Das dauert viele Jahre, kostet Unsummen vor allem an Beraterhonoraren und zeigt die Absurditäten in allen Schattierungen glasklar auf. Es ist kein Zufall, dass das Wort »Verantwortungslosigkeit« im Zusammenhang mit Großorganisationen immer zum Thema wird: BP, Tepco, AIG, Wal-Mart, News Corp., es ist nicht schwer, in jeder Branche schwarze Schafe zu finden.

Aber fairerweise nochmals: Das sind strukturelle Probleme, die automatisch auftauchen, wenn Größe als solche zum Kernwert einer Organisation wird. Solche Effekte ergeben sich zudem immer wieder, wenn die führenden Unternehmen an die Grenzen der maximal sinnvollen Unternehmensgröße stoßen. Im 20. Jahrhundert gab es das zwei Mal:

Um 1930 herum stieß die klassische Pyramidenstruktur an ihre Grenze – jene hierarchisierte Unternehmensorganisation also, in der von der Spitze der Geschäftsführung bis zur Basis der einfachen Angestellten eine durchgehende Befehlskette reicht. Nach militärischem Vorbild entstanden, hatte sie sich in der Chemie- und der Elektroindustrie bewährt und war bei Ford auf die Spitze getrieben worden: Entwicklung und Produktion, Vermarktung und Personal unterstanden beim größten Autohersteller der Welt letztlich der Verantwortung von Henry Ford persönlich. Doch dem strikt durchgeplanten Koloss fehlte die Flexibilität, um auf geänderte Kundenwünsche und technische Fortschritte zu reagieren. Die Zukunft des Konzerns begann zur gleichen Zeit beim Erzrivalen General Motors mit einer neuen Organisationsstruktur – der Spartenorganisation. Sie stellte das Unternehmen auf siloartige Säulen, die in sich wiederum pyramidenförmig organisiert waren.

Um 1980 herum schien sich die modifizierte Pyramide überlebt zu haben. Ein Konzern nach dem anderen wurde von »Corporate Raiders« aufgekauft und zerschlagen. Die Zentralen hatten sich an Größe berauscht, aber keine vernünftigen Instrumente mehr, um eine Vielzahl an Sparten mit sich immer schneller drehenden Produkten wertschöpfend zu gestalten. Doch da kam ihnen der technische Fortschritt zu Hilfe. Mit dem Auftauchen von Software für Unternehmenssteuerung (in erster Linie die von SAP) wuchs die maximal kontrollierbare Größe solcher Pyramidenkonzerne deutlich. Komplexität wurde machbar.

Aber zu früh gefreut. Auch heute wieder gelangen die größten Unternehmen an ihre Grenzen des Wachstums. Sie müssen mit einer immens steigenden Komplexität sowohl der internen als auch der externen Beziehungen fertig werden:

- Die Globalisierung hat zum plötzlichen Auftauchen einer Vielzahl potenzieller neuer Märkte, aber auch ebenso vieler neuer Konkurrenten geführt.
- Die Lebenszyklen von Produkten werden kürzer, die Zielgruppen kleiner.
- Neue Kommunikationstechniken erlauben es immer mehr Beschäftigten, die ursprünglich fest gefügten Grenzen ih-

rer Abteilung zu durchbrechen und ihre eigenen Netzwerke aufzubauen.

■ Das steigende Ausmaß von Team- und Projektarbeit knüpft interne wie externe Beziehungen, die von oben weder erkennbar noch steuerbar sind.

Und das bedeutet, dass zwischen innen/außen, privat/öffentlich kaum mehr präzise unterschieden werden kann. Insiderskandale nehmen zu (siehe Finanzmärkte), die Frage »Was ist mein, was ist dein?« ist kaum mehr befriedigend beantwortbar.

Die größte Herausforderung liegt darin, dass immer noch die Illusion besteht, Risiken seien modellhaft darstellbar und könnten führbar gemacht werden. Das Risikomanagement bei Großkonzernen, mit Vorbild der Finanzindustrie, geht immer noch davon aus, dass künftige Verluste messbar seien. Das mag für die alte Industriewelt gelten, aber nicht mehr für die vernetzte globale Wissenswelt. Donald Rumsfeld hat eine schöne Formel für diese Illusion geprägt: »unknown unknowns«. Er meint damit, dass die Dinge, von denen wir nicht wissen, dass wir sie nicht wissen, schneller wachsen als die Dinge, von denen wir wissen, dass wir sie nicht wissen. Und so fehlt auch der präventiv sinnvolle Umgang damit.

Ein kleines Rechenbeispiel, wie schnell durch offene Beziehungen die Komplexität in einem Unternehmen drastisch steigen kann, zeigt die Abbildung 11: Gibt es in einem Hundert-Mann-Betrieb mit strikt hierarchischer Organisation nur genau 100 Arbeitsbeziehungen, vervierfacht sich diese Zahl bei einfacher Teamarbeit, vervierzehnfacht sich bei der Bildung von Teams mit Außenkontakten und verfünfzigfacht sich, wenn jeder im Betrieb mit jedem frei kommunizieren kann.

Abb. 11: Komplexität bei vernetzter Kommunikation: Kommunikationsbeziehungen in einem 100-Personen-Unternehmen:

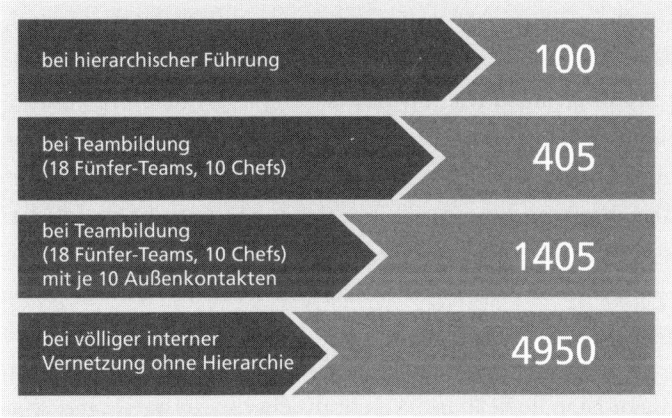

bei hierarchischer Führung	100
bei Teambildung (18 Fünfer-Teams, 10 Chefs)	405
bei Teambildung (18 Fünfer-Teams, 10 Chefs) mit je 10 Außenkontakten	1405
bei völliger interner Vernetzung ohne Hierarchie	4950

Quelle: Stiftung Produktive Schweiz, 2010

Und in manchen Branchen kommt auch noch die völlige Umstülpung des bisherigen Geschäftsmodells dazu. Bestes Beispiel ist derzeit die Energieproduktion. Bislang tummelten sich hier einige wenige Großkonzerne, die in einer überschaubaren Zahl von Kraftwerken jenen Strom produzierten, der dann flächendeckend so verteilt wurde, dass er bei jedem Kunden verlässlich aus der Steckdose kommt. Aber der Übergang zu intelligenten Stromnetzen (»Smart Grid«) löst diese klassische Arbeitsteilung auf. In ihnen kann jeder, der derzeit nur als Konsument am Netz hängt, selbst zum Stromproduzenten werden. Im auf diese Weise entstehenden Netzwerk, in dem jeder gleichzeitig Konsument und Produzent von elektrischer Energie sein kann, werden zwar auch weiterhin Unternehmen gebraucht werden – aber keines, das auch nur annähernd so groß ist wie heute die Stromkonzerne.

Wir haben in der Wissensökonomie immer die Herausforderungen so gelöst, dass die Lösung noch komplexer war als die Herausforderung. Der Euro ist ein schönes Beispiel. Gute

Absicht, schlecht durchdacht. Dadurch aber steigen die Anfälligkeiten und die nicht beabsichtigten Nebenfolgen. Das wiederum heißt: Es hilft nur *reconnect*, Wiedergewinnung oder Wiederaneignung – das gilt für unseren Bezug zu Lebensmitteln genauso wie für die Führung in großen Organisationen mit hochspezialisierten Abteilungen. Das gilt für Staaten genauso wie für Unternehmen. Wenn immer möglich, sollen also Kleinstrukturen, die überschaubar und direkt führbar sind und dezentral ansetzen, unterstützen. Denn nur so werden Effizienz und Verantwortungsbewusstsein gefördert und gleichzeitig bürokratische Strukturen und Gleichgültigkeit verhindert. Nur so kann die Anzahl der Intrigen, aufwendigen Machtspiele und Machtabsicherungen verringert werden.

Im Sinne Leopold Kohrs gilt die Erkenntnis zu den Größenverhältnissen weiterhin: große Organisationen, große Probleme – kleine Organisationen, kleine Probleme. Große Organisationen, unlösbare Probleme, kleine Organisationen, lösbare Probleme. Wenn Kleine oder auch Mittelgroße aufgrund eigenen Verschuldens untergehen, spielt das für die Umwelt oder gar die globale Welt keine Rolle. Wenn China, Russland, die USA, die Erdölkonzerne oder die Finanzmarktgiganten übermütig werden, haben wir alle auf dem Planeten unlösbare Probleme. Auch hier helfen die modernen interaktiven Tools zumindest im Ansatz, mehr Transparenz zu schaffen und mehr Vernunft in Prozesse hineinzubringen. Kurz: Robustheit verlangt weniger überschüssige Abstraktion, Komplexität und Größe.

Die Thematik »Too big to fail« – die eigentlich eine Thematik »Too big« ist, wird uns nicht so schnell verlassen. Grund zum Optimismus ergibt sich allerdings aus den *learnings* der großen Krise 2008/2009: Insbesondere große Industriekonzerne gehen – zumindest heute – vorsichtiger mit

Geld um. Der schnelle Deal oder die schnelle Akquisition ist weniger wichtig als das nachhaltige Geschäftsmodell. Selbst bei der Frage der Geschäftsmodelle ist das Thema Nachhaltigkeit mittlerweile etabliert.

Sozialkapitalismus

Der aktuelle Boom des Wortes »sozial« beziehungsweise »social« ist erstaunlich. Jahrzehntelang handelte es sich um einen typischen Verliererbegriff – wer sozial war, zeigte Schwäche oder war gleich des Sozialismus verdächtig. Heute hingegen ist »social« der letzte Schrei sowie ein Zauberwort an den Aktienbörsen und wird als Etikett auf fast jede Form digitaler Kommunikation geklebt.

Auch das ist auf den ersten Blick erstaunlich. Denn es ist doch völlig klar, dass jede Form der Kommunikation »sozial« ist. Wir tauschen Informationen aus mit Menschen, ob via Smartphone, Laptop oder ganz altmodisch am Telefon. Kann Kommunikation überhaupt »nicht sozial« sein? Nun, sie kann asozial sein – etwa ein abstruser Befehl. Aber auch dann ist sie immer noch sozial. Sie kann auch antisozial sein, etwa gegen Minderheiten gerichtet. Aber sie bleibt sozial. Dass derart etwas Selbstverständliches, etwas Menschliches boomt, scheint mir symptomatisch, denn es verweist auf ein Defizit: Die immer technischeren Apparate, die uns umgeben, flößen uns eher Unbehagen als Vertrauen ein. Wir scheinen das »Soziale« zu brauchen, um uns zu vergewissern, dass wir nicht nur Touchscreens berühren, sondern auch Menschen.

Für die Unternehmen sollte das mehr bedeuten als nur das Aufkleben eines neuen Etiketts. Denn hier haben sie es mit zwei sehr stark wachsenden Strömen zu tun: auf der Nachfrageseite mit dem Bedürfnis nach sozialem Reichtum und auf der Angebotsseite mit einem neuen Kapitalbegriff, dem sozialen Kapital. Wir haben in den letzten Jahrzehnten klare Hierarchien gehabt, die wichtigste war das Industriekapital.

Denn es garantiert Skaleneffekte, große Märkte und Arbeitsplätze. Dann kam das Finanzkapital. Schon viel anspruchsvoller, denn es ist viel schneller, liquider, geschmeidiger, transportabel und damit flüchtiger. Ihm zur Seite stand das Humankapital – die in unseren Köpfen gelagerte Produktivkraft, die sich nicht verbraucht, wenn wir sie einsetzen, sondern an Wert gewinnt. Doch in der heutigen Welt zählt vor allem soziales Kapital. Was heißt das?

Die neoklassische Ökonomie bietet hierzu wenig Anhaltspunkte. Sie blendet die soziale Komplexität einfach aus und setzt sie für die Handlungen voraus. Sie lebt implizit von Begriffen wie Loyalität, Vertrauen, Zugehörigkeit, Gegenseitigkeit. Menschen sind ihr im Kern noch kalkulierende Wesen – seien es Nützlichkeitsabwägungen, Bedürfnisbefriedigung, Hedonismus. Je mehr Auswahl – Choices, Optionen – desto besser. Egoismus ist kein Problem, sondern eher die Lösung, denn der Markt reguliert die Beziehungen auf objektive Weise: Nur der Markt hält in Adam Smiths klassischem Beispiel den Bäcker davon ab, Sägemehl in den Teig zu schütten. Die neoklassische Ökonomie rechnet mit Wahlmöglichkeiten und mit dem Fall, dass ein rational besseres Angebot eine Beziehung oder Bindung abbrechen lässt. Das ist der Exit-Modus, den Albert Hirschmann so gut beschrieben hat: Wenn ich ein anderes Angebot habe, das besser ist, wechsle ich. Wenn ich enttäuscht werde, bleibe ich nicht loyal, protestiere nicht einmal, sondern gehe einfach weg.

So werden nichtökonomische Motive als nicht rational ausgeblendet: der politische Modus, der seine Stimme erhebt und protestiert, oder der religiöse Modus, der loyal bleibt, auch wenn ich enttäuscht werde, weil ich zum Beispiel Achtung vor einer Autorität oder einer Person habe. Menschen sind in dieser Betrachtungsweise in erster Linie Anspruchswesen. Sie haben Ansprüche, die befriedigt werden. Wie sich das

Soziale aber regeneriert oder nur am Leben hält, ist kein Thema. Die neoklassische Ökonomie lebt also von Voraussetzungen, deren Erhaltung sie nicht aus sich selbst garantieren kann. Zugespitzt kann man es so sagen: »Der rationale Ökonom ist ein sozialer Idiot« (Amartya Sen).

Die Ökonomen haben es zwar noch nicht gemerkt, aber die marktorientierten Unternehmen stecken derzeit gerade in einem Übergang, der sie aus der neoklassischen Sphäre heraus in ein neues ökonomisches Paradigma bringt und mit folgenden Gegenüberstellungen skizziert werden kann:

Abb. 12: Das neue ökonomische Paradigma

Beziehung	schlägt	Einzelgängertum
Wir	schlägt	Ich
Team	schlägt	Individuum
temporäre Bindung	schlägt	vordefinierte Zugehörigkeit
Vernetzung	schlägt	Verwurzelung
Frenemies	schlägt	Freund vs. Feind
Innovation	schlägt	Optimierung

Oder in der neuen Hierarchie der Kapitalformen:

Soziales Kapital > Humankapital > Finanzkapital

Was aber meint heute sozial? Wie sozial sind die Social Media? Schauen wir kurz auf die Geschichte: Wir haben gelernt, dass Stämme (Tribes, Familien) traditionelle Gesellschaften geprägt haben. Dazu kommen Ethnien und Religionen. Die Verbundenheit ist primär eine affektive, emotionale. Menschen gehören zusammen, weil sie gemeinsam etwas tun und erleben. Die gemeinsam verbrannte Energie, etwa in Stammesfehden, hält zusammen. Also Konflikte oder Rituale wie zum Beispiel Heirat oder Totenkult. Kein Zufall: Auch das moderne Marketing spricht immer mehr von Stämmen und Familien, um die schwindende Loyalität einfangen zu können. Stämme halten zusammen, weil sie emotionale Werte teilen. Dieser Zusammenhalt ist ungefragt und gilt kraft Tradition. Loyalität ist eine Frage der Moral, nicht der Zweckorientierung und des persönlichen Kalküls zur Gewinnung eines kurzfristigen Vorteils. Noch heute ist es so, dass häufig die ethnische oder religiöse Zugehörigkeit wichtig oder gar entscheidend ist, obwohl in der westlichen Welt solche Zugehörigkeiten als nicht rational und damit nicht erhaltenswürdig gelten.

Nehmen wir das Beispiel Familien, ein spezielles Thema in der westlichen Welt. Blutsverwandtschaft ist immer noch eine der stärksten Bindungen überhaupt. Auch in den besten Familien gibt es zwar Streit, aber wenn es darum geht, eine andere Familie abzuwehren, zu besiegen, hält man zusammen, egal wie zerstritten man innerhalb der Familie ist. Wobei es trotz der starken Bindungskraft und der sehr konservativen Rolle von Familie zu starkem und schnellem Wandel kommen kann. Das lässt sich beispielsweise daran ablesen, wie in der westlichen Welt innerhalb einer Generation die Bedeutung der Zugehörigkeit zum Katholizismus und Protestantismus bei der Heirat bedeutungslos geworden ist. Oder die Heirat zwischen unterschiedlichen Nationen. »Bring mir keinen Deutschen nach Hause«, so lautete noch vor 50 Jahren ein Standardsatz eines Schweizer Familienvaters. Oder gar einen Italiener oder Spanier.

Wir haben versucht, uns von solchen alten Hierarchien und unhinterfragten Traditionen zu emanzipieren. Die Welt der Moderne braucht die Funktion und die Professionalität. Nicht die Tradition. Sie befreit durch Ersetzbarkeit. Die großen Organisationen und Institutionen, die wir in den letzten 250 Jahren im Verlaufe der Industrialisierung aufgebaut haben, haben einen starken Rahmen und formale Richtlinien eingeführt, die den schrittweisen Verzicht auf alte Vorstellungen ermöglichen. Legitimation entsteht durch das korrekte Verfahren, es braucht keine alten moralischen Vorstellungen mehr. Wir befreien uns – aber wozu eigentlich?

Markt, Wettbewerb, Befreiung von alten Zwängen – das geht so lange, wie die klare Mehrheit der Betroffenen sich davon etwas für sie Nützliches verspricht, wie Geld oder Ansprüche. Aber wenn wir uns nur noch von alten sozialen und politischen Zwängen befreien, bauen wir ab, ohne etwas Nachhaltiges nachzubauen. Das ist die eigentliche Schwäche des neoliberalen Weltbildes, ja geradezu seine Gefahr: Denn fehlt die Perspektive, dass die klare Mehrheit Vorteile erkennt, droht das System zu kippen. Wohin auch immer.

Im Age of Less heißt es dagegen gemeinsam Überleben statt einsam untergehen. Die entscheidende Frage, sowohl am Arbeitsplatz wie in der Gesellschaft, ist also nicht mehr: Was bekomme ich? Wie viel genau liegt für mich drin? Sondern vielmehr zuerst: Was kann ich einbringen? Was können wir gemeinsam an Ideen und Wissen teilen, um gemeinsam Erfolg und Freude zu haben?

Nicht mehr der Experte, der Spezialist, der Wissende, der Dienstälteste kann per se einen Vorteil für sich reklamieren, wir alle stehen im Wettbewerb mit denjenigen, die die Technologie besser zu nutzen wissen für Kooperation und Austausch. Positiv formuliert:

- Erstens: Noch nie waren so viele Produktionsmittel so billig vorhanden.
- Zweitens: Noch nie waren die Einstiegsbarrieren für Kooperationen so niedrig wie heute.

- Drittens: Die Kapitalanforderungen für viele Projekte sinken dramatisch.
- Viertens: Die Kommunikationskosten sind »too cheap to meter«.
- Fünftens: Statt Hierarchien und Märkte haben wir »Peer Production«, also zumindest in der Tendenz eine Produktion unter gleichen. Wir definieren damit auch Nähe neu – zu Nachbarn, Freunden, Haushaltsmitgliedern.

In einer solchen Umgebung ist soziales Kapital die mit Abstand wichtigste Ressource, um erfolgreich Geschäfte betreiben zu können. Soziales Kapital bildet sich über Beziehungen. Die wichtigsten Arbeiten dazu hat der Sozialwissenschaftler Ron Burt von der Universität Chicago über die letzten 20 Jahre vorgelegt. Er sieht für die Unternehmen zwei Ansatzpunkte, sich in diesem Umfeld zu positionieren:

- den Brokerage-Ansatz, der über viele schwache Beziehungen *(weak ties)* funktioniert, und
- den Closure-Ansatz, der über einige starke Beziehungen *(strong ties)* funktioniert.

Jene Unternehmen, die schnell wachsen wollen (»Top-line Growth«), fahren am besten, wenn sie dem Brokerage-Ansatz folgen. Es geht darum, »strukturelle Löcher« *(structural holes)* zwischen Clustern zu überbrücken, und zwar innerhalb und vor allem auch außerhalb des Unternehmens. Neue Prozesse, neue Geschäftsmodelle, neue Dienstleistungen. Das braucht Innovatoren, interdisziplinäre Visionäre, Konnektoren. Brokerage-Typen wissen, was sie nicht wissen. Und setzen dort an. Sind offen für neue Ideen. Gehen mehr Risiken ein. Sehen Zusammenhänge. Sie bringen empirisch nachweisbar bessere Leistungen als Closure-Typen. Sie sind nicht smarter, aber können die Dinge anders angehen. Die Lernkurve ist im Brokerage-Ansatz höher (»Building Leaders«).

Unternehmen, die industrielle Prozesse verbessern wollen, einen möglichst effizienten Gebrauch von Ressourcen erzielen wollen (»Bottom-line Growth«), folgen hingegen besser dem Closure-Ansatz. Es geht darum, *structural holes* innerhalb von Clustern zu schließen. Closure-Typen wissen, was sie wissen, und setzen das immer besser um. Six Sigma, TQM, Lean Management, also typische und formbildende Managementtrends der letzten 30 Jahre, funktionieren alle nach dem Closure-Ansatz: Die Lernkurve ist industriell und geht kaskadisch nach unten (»Engines of Execution«). Der Vorteil des Closure-Ansatzes liegt darin, dass die starken Beziehungen schneller Vertrauen generieren, die soziale Kontrolle hoch ist. Im Extremfall kennt jeder jeden – im Brokerage-Modell kennt im Extremfall keiner den anderen. Erstaunlicherweise braucht es – empirisch erwiesen, auch wenn branchenspezifisch unterschiedlich – mehrere Jahre, bis sich stabiles Vertrauen zwischen Clustern etabliert.

Die Kosten, sich in Closure-Modellen systemavers zu verhalten, sind sehr hoch: Wenn wir gemeinsame starke Beziehungen haben, wissen alle sofort alles, und das fördert konformes Verhalten. Man will nicht auf- oder abfallen. Dennoch, oder gerade deswegen, sind Closure-Modelle emotionaler und anfälliger: Gossip, Geschwätz, spielt eine mächtige Rolle. Interessanterweise obsiegen dabei die extremen Meinungen. Denn es geht beim Geschwätz nicht um die Frage der Angemessenheit, sondern mehr um die Stärkung der gegenseitigen Beziehung unter Kollegen: »Wir haben es doch immer schon gewusst.«

Im Closure-Modell entsteht Reputation durch »Charakter«, durch angemessenes oder beispielhaftes Verhalten innerhalb des Clusters. Im Brokerage-Modell ist Reputation anders angelegt: Da verschiedene Zielgruppen relevant sind, steht Vielfalt der Meinungen für Stärke. Also hier Grauschattierungen, dort Schwarz-Weiß-Welt. Verständlich – im Closure-Modell haben die Teilnehmer weniger Beziehungen zu »third parties«. Pointiert gesagt: Brokerage-Typen haben »eine eigene Meinung«, Closure-Typen haben »eine Meinung«.

Sowohl Brokerage als auch Closure sind Modelle, Beschreibungen eines Extrems. Würden alle Organisationen den Brokerage-Ansatz wählen, wäre das Chaos vorprogrammiert: zu viele gute neue Ideen, die nicht implementiert werden, zu hohe »Agency Costs«. Würden alle den Closure-Ansatz wählen, ist der langsame, aber kontinuierliche Abstieg vorprogrammiert: »Blind to better« Groupthink, Gruppendenken (Insider vs. Outsider), Silomentalität, wissensmäßig abgezielt auf *ignorant certainty*, also: unwissende Gewissheit.

Die Kunst in der Bildung sozialen Kapitals besteht darin, die für die Organisation und deren Ziele richtige Mischung zu entwickeln. Je mehr ein Unternehmen oder eine Institution nicht nur Optimierung erzielen will, die es aus innerer Kraft schaffen kann, indem es die internen Beziehungen optimiert, desto unerlässlicher werden schwache Beziehungen. Es geht also nicht um Individuen und Persönlichkeiten, sondern um die Bildung von sozialem Kapital, die aus Interaktionsmustern resultiert – wie die Beziehungen funktionieren und was in der Bildung von Beziehungen passiert beziehungsweise nicht passiert.

Je kleiner ein Unternehmen ist, desto größer ist die Wahrscheinlichkeit, dass die wichtigsten *close ties/strong ties* außerhalb der Firma sich befinden. Je größer ein Geschäft, desto größer die Chance, dass eine typische »*corporate*« *culture* entsteht und die *close ties* sich innerhalb der Firma befinden.

Da immer mehr Märkte »Transitionsmärkte« sind, werden in Zukunft mehr Brokerage-Typen gebraucht: etwa Biotech-Unternehmen, neue Dienstleistungen, diskontinuierliche Innovationen. Es braucht Führung, die aufbaut und verändert. Oder anders gesagt: Wenn ein kontinuierliches Ungleichgewicht normal ist, müssen wir mit überlieferten Vorstellungen brechen. Das heißt interessanterweise, dass Brokerage-Modelle trotz Offenheit und höherer Risikobereitschaft für die Zukunft nicht nur besser gerüstet sind, sondern auch stabiler sind als Closure-Modelle. Denn wir hängen immer mehr von informellen Informationen und Strukturen ab und immer weniger von formalen Prozessen und Abläufen. Jedoch organisieren wir uns in der Praxis genau paradox: Je mehr *troubles*, desto »noch mehr vom selben« – noch mehr Regulierung, noch mehr alte Anreizsysteme, noch mehr Kontrolle. Wir brauchen dagegen Variation, Auswahl, sonst gehorchen wir nur noch den Imperativen der Prozesse und optimieren sie nach unten.

Das heißt aber auch, dass wir immer mehr von der Fähigkeit abhängig sind, schwache Beziehungen aufzubauen, zu vervielfältigen und dann zu aktivieren, wenn sie für unsere Geschäfte wichtig sind. Selbstverständlich brauchen wir für die lokalen Geschäfte weiterhin starke Beziehungen, *strong ties*. Aber deren Bedeutung wird in der vernetzten Welt relativiert. Früher konnte ich Karriere machen mit bloßer Ausrichtung auf die *strong ties* – es genügte, sich an den Vater, den Lehrer und den Vorgesetzten zu halten. Sie hatten Vorbildfunktion, und wenn ich dieser folgte, war meine Karriere sozusagen gerettet. Wenn heute die Menschen wie selbstverständlich auf Linkedin oder Xing oder ähnliche Websites gehen, so ist das ein deutliches Anzeichen, dass die Verlässlichkeit der *strong ties* schwindet: Es ist überlebenswichtig, die Fühler auszustrecken und mit schwachen Beziehungen,

weak ties, anzureichern. *Strong ties* mögen etwa im besten
Falle noch für interne Dienstleister ohne Karriereansprüche
genügen. Es reicht aus, sich mit seinen Peers und Chefs gut
zu vernetzen. Sobald aber Innovationen gefragt sind und unternehmerisches Handeln, wächst die Abhängigkeit von *weak
ties*. Denn nur über Anregungen von außen und Inspiration
von Menschen, mit denen ich mich nicht ohnehin schon permanent austausche, kann ich mich in einem wettbewerbs-
intensiven Umfeld weiterentwickeln.

Denn so entsteht heute soziales Kapital. Viel wichtiger in
der heutigen Welt als das Individuum ist also die Beziehung.
Ich bin meine Vernetzungen. Ich bin genauso viel wert wie
meine Beziehungen und was ich daraus aktiv und interaktiv
mache. Es genügt nicht mehr, den typisch männlichen einsamen Führungstypus zu verkörpern, der in Abgeschiedenheit
in seinem großen Büro die großen Entscheidungen trifft (obwohl die Romantik für diese Welt selbstverständlich noch
lange überleben wird). Social Medias bringen den Druck zur
Vernetzung, zum Austausch von Informationen über die Unternehmensgrenzen hinweg. Es genügt auch nicht mehr, im
Jargon des modernen Human Resource Management von
Humanressourcen zu sprechen. Diese sind nur so viel wert,
wie ich vernetzt bin.

SIEBEN TYPEN, DIE DAS AGE OF LESS PRÄGEN

»And from the dregs of life hope to receive,
What the first sprightly running could not give.«
David Hume, 1776

Die Einstellung gegenüber Jobs, Geld, Verantwortung ändert sich im Age of Less markant. Neue Typen werden auch die Muster verändern, wie wir wirtschaftliche, politische und gesellschaftliche Verantwortung übernehmen. Aber das ist gut so: Wir haben hier im Westen so viel Reichtum akkumuliert, dass wir uns endlich den relevanten Fragen zuwenden können: dem, was uns wirklich wichtig ist. Denn es ist alles da! Es ist eine Frage der Einstellung, der Haltung, wie man damit umgeht.

Für ein Land wie die Schweiz im Jahre 2011 ist es unvorstellbar, auch in Zukunft einfach nur materiellen Wohlstand vorantreiben zu wollen. Der Terror der Mainstream-Ökonomie, die eine materielle Wohlstandstechnokratie einfach endlos linear weiterschreibt und uns zu bewusstlosem Zahlenwachstum zwingt, ist weder nachhaltig noch wünschenswert. Denn gerade sie schafft Instabilität statt Balance und mehr unvorhergesehene Ereignisse. Und provoziert vor allem eines: immer höhere, unkontrollierbar werdende Fixkosten. Hier einige Typen, die das Age of Less prägen werden:

1. »Happiness Manager« pflegen ihr eigenes Glück und halten ihr Leben in der Balance

Selbstbewusste Menschen nehmen ihr Schicksal selbst in die Hand. Sie lassen sich so wenig wie möglich von außen fremdbestimmen. Sie wissen, dass ein großer Anteil des persönlichen Glücks nicht BIP-relevant ist und auch nicht gemessen werden kann. Sie haben ihr *mental accounting* (Richard Thaler) im Griff und wissen einzuschätzen, was für sie persönlich wie viel Wert hat. Happiness Manager sind Menschen, die leistungsbereit und diszipliniert, fleißig und engagiert sind, aber nur bis zu einer bestimmten Schwelle. Sie sind nicht einfach bereit, für steigende Löhne (noch) mehr zu tun und Zeit zu investieren. Sie lieben ihr eigenes Leben und ihre Freizeit, tun also genau so viel, dass sie lebensstiladäquat überleben können.

Wenn solche Menschen einen besseren Job offeriert bekommen, der mit mehr Zeitaufwand und Verzicht auf persönliche Anliegen verbunden ist, werden sie absagen. Sie pendeln auch nicht immer längere Strecken und Zeiten, um mehr zu verdienen. Sie betrachten ihr Lebensglück ganzheitlich. Häufig sind sie gut ausgebildet und wollen die Zeit sinnvoll verbringen. Sie verspüren keinen Mangel, sondern sehen in ihrem Leben immer wieder neue Chancen.

Wenn sie in Partnerschaft leben, arbeiten sie heute häufig schon Teilzeit. Die Familie, die Kinder, die Freunde, das Gaming, der Sport sind ihnen wichtiger. Sie sind also eine Verkörperung des Typus, den uns viele Kritiker der modernen Arbeitswelt über die letzten Jahre immer wieder vorgeschlagen haben: mehr *quality time*, weniger (Dis-)Stress, mehr Selbstbestimmung, weniger Mobbing. Man könnte (unter Verwendung eines der hässlichsten derzeitigen Modewörter) von einer optimalen Work-Life-Balance sprechen, wenn nicht viele Happiness Manager fänden, dass sich in diesem Begriff die Arbeit zu breit macht: Ihnen geht es darum, ihr Leben in der Balance zu halten – die Erwerbsarbeit ist nur eine von vielen Kräften, die den Gleichgewichtspunkt mitbestimmen.

Das sind also moderne Menschen, die verstanden haben, dass man sich durchaus vielen scheinbaren Zwängen erfolgreich entziehen kann. Und sie wissen auch, was sie mit der gewonnenen Zeit anfangen würden – zugegebenermaßen für viele Zeitgenossen eine große Hürde. Wer mit sich selbst im Einklang ist, hat meist die Zeit im Griff und braucht keine »Stresstests« über sich selbst ergehen zu lassen: dass es mittlerweile »normal« ist, überall Stresstests durchzuführen, davon distanzieren sich die Happiness Manager.

Man kann diesen Typus auch herkömmlich-ökonomisch unter die Lupe nehmen. Für viele mögen auch ganz profane steuerliche Motive zumindest mitschwingen: Viele Mittelschichtpaare und »Besserverdienende« erleben heute häufig, dass es rein ökonomisch keinen Sinn macht, mehr zu arbeiten, weil das zusätzlich verdiente Geld praktisch 1:1 dem Fiskus abgeliefert werden muss. Das sind dann *Trade-offs*, die es bei jedem einzelnen Fall genau zu evaluieren gilt: Bin ich glücklicher, wenn ich eine befriedigende Arbeit mache, also etwa statt halbtags zu 80 Prozent arbeite, aber gleichzeitig das ganze zusätzlich verdiente Geld dem Staat abliefere (wo ich nicht sicher bin, ob mit meinem Geld etwas Kluges angestellt wird), oder wenn ich auf Mehrarbeit verzichte, mehr Zeit für mein persönliches Leben habe und das gute Gefühl, dem Staat nicht zu viel Geld abzuliefern? Darauf gibt es vernünftigerweise keine eindeutige Antwort. Der Ökonom Tyler Cowen hat den Ausdruck »Threshold Earner« oder »Schwellenwert-Verdiener« geprägt – so kann der Happiness Manager ökonomisch reduziert auf den Punkt gebracht werden.

Wir wissen zur Genüge aus der Glücksforschung, dass die Glücksgewinne ab einem bestimmten Einkommen – das tiefer ist, als wir gemeinhin annehmen – nur noch marginal sind oder das Glück gar abnimmt. Der Betrag liegt bei einem mäßigen Mittelschichteinkommen. Gehen wir davon aus, dass heute der Lebensstandard einer Mittelschichtfamilie mit 1,5 Stellen finanziert werden kann, so haben zumindest Paare (das polemische Wort »Doppelverdiener« aus den Krisenzeiten der 1970er Jahre ist aus der Diskussion verschwunden) und gut verdienende Zeitgenossen einen relativ großen Handlungsspielraum. Teilzeit ist heute immer weniger ein Handicap und wird sozial akzeptierter. Der Aufstieg der Frauen verstärkt diese Entwicklung deutlich.

Weiter sinken wird allerdings die Umzugsbereitschaft der Happiness Manager. Früher zog man um, weil Papa Karriere machte, heute überlegen sich viele einen Umzug, weil die Partnerin nachhaltigere Berufsaussichten hat – und morgen ist »Karriere« nun wirklich kein Ziel mehr, für das man sich von seinem vertrauten sozialen Umfeld trennen würde. Selbst in den USA, dem Land der vermeintlich hohen sozialen Mobilität, ist die Umzugsbereitschaft in den letzten drei Jahrzehnten um rund 50 Prozent gesunken.

Happiness Manager tauchen übrigens nicht nur in den oberen Einkommensgruppen auf, sondern sind in der Mitte und am unteren Ende der Skala ebenfalls verbreitet. So wie das Verlangen, nur 10 Prozent mehr als das aktuelle Einkommen zu verdienen, Menschen jeder Gehaltsklasse das Leben zur Hölle machen kann, so kann das Wissen, auch mit 10 Prozent weniger Geld auskommen zu können, Menschen jeder Einkommensgruppe ein vergleichsweise paradiesisches Lebensgefühl bescheren. Natürlich sind die Handlungsspielräume bei unterdurchschnittlichen Einkommen geringer – aber trotzdem fast immer vorhanden.

2. »Heritage Maker« genießen ihr eigenes Leben und arbeiten aus anderen Gründen

Ein weiteres Phänomen kommt den Happiness Managern entgegen: das Erben. Viele Happiness Manager sind Heritage Maker. Also eine Subkategorie mit Gewicht. Denn in einer Vielzahl von reichen Ländern haben die Nachkriegsgenerationen robusten Reichtum aufgebaut und diesen kontinuierlich und diskret vermehrt. Fakt ist: Viele der heute 30-, 40- oder 50-Jährigen in der westlichen Welt leben mit dem Bewusstsein, dass sie in absehbarer Zeit »interessante« Erbschaften antreten können. Der erwerbsmäßige Leistungsdruck sinkt für diese Gruppe automatisch, ob bewusst oder unbewusst. Es ist nicht mehr offensichtlich notwendig, immer noch mehr zu machen. Oder unternehmerisch und damit risikoreich Geld zu investieren.

In sehr wohlhabenden Ländern wie der Schweiz hat denn auch die überwiegende Mehrheit der Menschen ihr Vermögen nicht durch eigene Arbeit erwirtschaftet, sondern viel entscheidender durch Vererbung. Wenn ich weiß, dass ich von verschiedenen Seiten immer mal wieder etwas erben werde, verhalte ich mich anders, als wenn ich weiß, dass ich bis zur Pensionierung oder gar ans Lebensende von meinen eigenen Leistungen (oder vom Staat) abhängig bin. Solche Menschen wollen schlicht und einfach das Leben auch genießen – im positiven Falle sinnvoll und bewusst. Wer könnte ihnen das verargen? Vor allem wenn man älter wird und das Bewusstsein knapper verbleibender Lebenszeit steigt.

Was die Generationen der Nachkriegszeit auszeichnete, war der sparsame, weitgehend von rationalen Motiven angetriebene beziehungsweise eingeschränkte Konsum. Aufgeschobene Bedürfnisbefriedigung, für viele Zeitgenossen heute ein Fremdwort (und für Staaten leider auch), hat zu Moderation und Maßhalten geführt. Der Siegeszug des Konsumismus hat diese Einstellung in den letzten 60 Jahren stark verändert, allerdings so schleichend und kontinuierlich, dass wir es kaum bemerkt haben. Sagen wir es so: Der Kommunismus hat uns arm und wütend gemacht – der Konsumismus reich und gleichgültig.

Interessant ist die Frage nach den wirtschaftlichen Folgen, sollte die Anzahl der Happiness Manager beziehungsweise der Heritage Maker markant steigen. Die einfachste Schlussfolgerung wäre die einer ebenso markant sinkenden gesellschaftlichen Produktivität: Wenn viele, die erwerbsarbeiten könnten, das nur noch eingeschränkt oder gar nicht mehr tun, müsste rein rechnerisch die Leistungskraft dieser Gesellschaft abnehmen, oder? So einfach ist die Konsequenz allerdings nicht – der entscheidende Punkt wird nämlich sein, was diese Menschen stattdessen tun werden. Und das hängt wiederum nicht so sehr von ihren finanziellen Möglichkeiten ab als vielmehr von ihrer Werteorientierung und Haltung. Sie könnten politisch, aber auch ökonomisch eine zwar andere, aber ebenso tragende Rolle spielen: Sie haben selbst unzählige Restrukturierungen erlebt und wissen genau, wie man klug mit Wandel umzugehen hat. Sie haben Zeit, nachzudenken, Ideen zu entwickeln und ihre vielfältigen Berufserfahrungen für die Gesellschaft produktiv einzusetzen.

Kurz: Mehr Happiness Manager und Heritage Maker könnten sich positiv für unsere Gesellschaft auswirken. Denn gerade die spannenden und sehr anspruchsvollen Jobs in allen Branchen sind heute komplex, zeitintensiv und verlangen ein hohes Verantwortungsbewusstsein. Wir sehen heute noch viel zu oft die Situation, dass »gute Leute« an der Spitze einfach immer mehr arbeiten, damit mehr Geld, mehr Macht akkumulieren, gleichzeitig aber die Verantwortung nicht mehr (er)tragen können. Und häufig auch gar nicht wollen. Das ist Teil der heutigen Malaise – aber kein auf ewig festgeschriebener Zustand. Wenn hier ein vernünftiges *caring and sharing* und politisches Bewusstsein entwickelt werden, statt Einzelchefs 100 Stunden oder mehr die Woche arbeiten zu lassen, kann das nicht nur für die Betroffenen, sondern auch für die Gesamtgesellschaft segensreich sein.

3. »Lessnesser« suchen mit Optimismus das Neue

Happiness Manager zeichnen sich moralisch durch hohes Interesse an der Verbesserung des eigenen Lebens als des guten Lebens aus. Sie haben aber häufig keine großen moralischen oder gesellschaftlichen Ansprüche, die über ihren persönlichen Horizont hinausgingen, obwohl sie mit ihrem Verhalten direkt oder indirekt zu einer nachhaltigeren Wohlstandsgesellschaft beitragen.

Eine wachsende Gruppe von Menschen sieht aber Less nicht nur als eine positive Entwicklung und als Chance an, sondern auch darüber hinaus als klare moralische Aufforderung und Botschaft. Das »gute Leben« ist nicht einfach Privatsache, Rückzug allein genügt nicht. Der Konsument ist auch Bürger.

Sie wissen genau – und sagen das auch –, dass es *so* nicht weitergehen kann. Sie suchen aktiv nach neuen Werten und sind auch bereit, sich einzuschränken. Auch beim Konsum. Das unterscheidet sie vom eher künstlichen Segment der sogenannten Lohas (»Lifestyle of Health and Sustainability«). Allein schon der Gedanke, sich über einen Lebensstil zu definieren, ist dem Lessnesser ein Gräuel – sie definieren sich über eine Lebenseinstellung, über Werte und Aktionen. Sie sind auch bereit, ihren Hedonismus zu zügeln, nicht einfach durch Substitutionsprodukte oder -style, sondern durch aktive Lebensveränderungstaten. Sie suchen in der immer kom-

plexeren Welt aktiv nach neuen Werten – jenseits der alten
Pfade und Ideologien.

Entgegen den abschottenden Zynismen der Eliten von oben
und den abschottenden Populismen von unten wissen sie aus
der Glücksforschung, dass die richtige Haltung wie eine sich
selbst erfüllende Prophezeiung wirken kann. Sie sind pragmatisch, bewusst und wollen etwas tun, statt in Frivolität
zu erstarren. Solche Menschen mögen ein dickes Bankkonto
haben, doch sind sie weder von alten Statussymbolen noch
von neuen (wie dem Hybridauto) zu locken. Mit dem Fahrrad zur Arbeit zu fahren mag okay sein und auch für andere
gut sichtbar. Aber konsequent dafür sorgen, dass der Müll
nicht nur getrennt, sondern auch die definitive Entsorgung
korrekt abgewickelt wird, das ist mehr als okay, das ist eine
andere Dimension. Es ist dem wertesuchenden Lessnesser
daran gelegen, dass sich die Gesamtgesellschaft positiv verändert.

4. »Chill Outer« oder Die Varianten des Aussteigers

Aussteiger hat es in der Vergangenheit natürlich immer gegeben, und mit ihnen einige der großen Klassiker der Geschichte – von Diogenes über Franz von Assisi bis zu Henry
David Thoreau. »The mass of men lead lives of quiet despe-
ration«, schreibt er in *Walden* (1854) und beklagt den einseitigen amerikanischen Materialismus. Man kann davon
ausgehen, dass in den meisten Gesellschaften eine einstellige
Prozentzahl der Menschen mit dieser Richtung sympathisiert,
je nach geschichtlicher Lage tief oder hoch einstellig. Zwischen reinen Sympathisanten, Teilaussteigern und Ganzaus-
steigern ist dabei eine große Bandbreite vorhanden. Dazu
zählen radikale Naturfreaks genauso wie Cyberanarchisten,
radikale Demokraten wie vegetarische Pazifisten, religiöse

Anhänger und Ludditen, also Feinde der modernen Technologie, die zwar einmal ein Handy hatten, dieses aber nach ein oder zwei Jahren als Werk des Teufels verdammten.

Chill Outer können sich unter Umständen radikal, konsequent und kompromisslos vom professionellen und bezahlten Arbeitsleben verabschieden, weil sie in ihrer subjektiven Wahrnehmung über genügend Ressourcen verfügen, ihr Leben gut zu gestalten und notfalls auch zu finanzieren. Sie sollten nicht mit Gutmenschen verwechselt werden: Die einen versuchen, das System zu verbessern, die anderen verweigern sich ihm. Ihre Motive sind vielfältig. Und es lohnt sich, dieses radikale Segment noch etwas detaillierter zu betrachten, denn es hat viel kreative Energie.

Sense making Chill Outer

Die Angehörigen dieser Subgruppe verabschieden sich einfach vom bezahlten Arbeitsleben, insbesondere im For-Profit-Bereich, und gönnen sich vermehrt freiwillige oder quasi freiwillige Arbeit, weil diese ihnen persönlich mehr Befriedigung und Sinn bringt. Sie erleben das als eine neue Form der Freiheit. Häufig handelt es sich um gut ausgebildete Menschen mit hoher intrinsischer Motivation. Gute Marken aus dem Bereich der NGOs oder supranationaler Organisationen sind für leistungswillige, aber nicht extrinsisch motivierte Menschen eine Zukunftsoption, ebenso technische Herausforderungen im digitalen Bereich, oft verbunden mit Erziehungsaspekten, die attraktive Projektchancen eröffnen. Sie sind durchaus machtbewusst, karrierebewusst, aber wollen auch nachhaltig verändern. Geld spielt für sie kaum eine Rolle.

Simplifying Chill Outer

Die Chill Outer dieser Subgruppe wollen bewusst einfacher leben. Häufig nahe der Natur, weg von menschlichen oder technischen Zwängen, die nur Machtspiele involvieren. Weniger Stuff. Weniger Ballast. Sie verzichten mit sanftem Zwang oder freiwillig auf gewohnte Annehmlichkeiten – und teilen das ihren Mitmenschen auch gerne mit. Nachhaltigkeit genügt ihnen nicht, es geht mehr um eine Rückkehr zu einer Subsistenzwirtschaft. Denn nur sie bringt Überlebensfähigkeit. Verzicht also und wirkliches »Weniger«.

Voluntary simplicity, freiwillige Einfachheit, dieses Buch von Duane Elgin aus dem Jahr 1981 gibt der Einfachheitsbewegung ihren Background. »The stuff of social transformation is identical with the stuff from which our daily lives are made.« Jede persönliche Wahl oder Auswahl ist ein persönliches Statement über mich selbst, aber auch eine Chance, sich sinnvoll zu engagieren. Simplifying Chill Outer genügen sich selbst.

Aristokratische Chill Outer

Diese Subgruppe der Chill Outer sind quasi Aussteiger de luxe, die es sich leisten können, auf hohem finanziellem Niveau weiterzuleben. Sie leben von ihrem Wohlstand, den sie erarbeitet oder geerbt haben; wenn sie ihn selbst noch verwalten, dann nicht mit wirklichen unternehmerischen Ambitionen, aber auch nicht gleichgültig. Einer regelmäßigen Erwerbsarbeit gehen sie nicht nach. Mit aristokratischer Attitüde haben sie sich der »realen« arbeitenden Gesellschaft entledigt. Sie *sind*, sie *tun* nicht mehr.

Lebensabschnitts-Chill Outer

Natürlich kann jeder Aussteiger jederzeit wieder einsteigen, wie es Tausende von Land- und Stadtkommunarden der

1970er Jahre auch getan haben. Doch unter den Chill Outers gibt es auch eine Subgruppe, deren Ausstieg von vornherein an einen Lebensabschnitt gekoppelt ist: die Familienphase. Bei vielen Müttern mit kleinen Kindern handelt es sich hier eher um eine Zwangspause, bedingt durch fehlende Arbeitsangebote, die auf die Familiensituation abgestimmt sind. Aber es gibt hier auch viele Frauen beziehungsweise Lebensabschnittspartnerinnen von Topverdienern, die aus ihren zum Teil ebenfalls gut dotierten Jobs ausgestiegen sind, um wieder »nur« die Hausfrauen- und/oder Mutterrolle zu übernehmen, weil das in ihrem gesellschaftlichen Umfeld Prestige bedeutet. Man organisiert Partys, oft sogar für Wohltätigkeitszwecke, hält sich eine große Belegschaft für Küche, einen mehrsprachigen Butler mit akademischem Grad und Limousinenservice, visitiert und supportiert finanziell kulturelle Events, übernimmt möglichst prestigeträchtige Stiftungsmandate, hegt und pflegt die Kinder genauso wie die Beziehungen zu gleichgesinnten Frauen. Am schönsten beschrieben werden diese Kreise und die dort gepflegten Lifestyles immer noch in Robert Franks *Richistan*. Scheinbar gibt es viele Wohlstandsfrauen, die sich in dieser Rolle ziemlich wohlfühlen – wobei sich nach dem Ende der Familienphase (oder der Ehe) auch neue produktive Aufgaben in der Erwerbsarbeit (zum Beispiel Headhunting, Event-Agentur) oder für die Gesellschaft ergeben können.

5. »Slacker« wollen in Ruhe gelassen werden

Es gibt eine ganze Reihe sehr unfreundliche Namen für diesen Typus: Faulpelz, Drückeberger oder Trittbrettfahrer zum Beispiel. Im freundlichsten Sinne sind Slacker diejenigen, die den Weg des geringsten Widerstandes gehen. Sie meiden allzu viel Verantwortung. Sie machen nicht allzu viel Aufhebens um ihren Job. Sie wollen vor allem eines: in Ruhe gelassen werden. Sie sind also die passive Variante des modernen Bürgers. Profitieren, aber bitte nicht zu sehr engagieren. Dafür nicht auf allzu hohem Niveau der Welt zur Last fallen. Lieber noch eine Pause, lieber noch einige Feiertage mehr. Oder eine Frühpensionierung, auch wenn dadurch die Rente niedriger ausfällt – notfalls zieht man dann eben an einen billigeren und steuergünstigen Ort. So flexibel ist man denn schon.

Slacker setzen sich also auch in ihrem Berufsleben nicht mit Engagement oder Leidenschaft für etwas ein. Slacker können einfach faul sein. Oder sich einfach drücken um Engagement und Einsatz. Solche Typen gibt es immer und überall: Experimente von Verhaltensökonomen beziffern den Trittbrettfahreranteil an der Bevölkerung auf etwa 20 Prozent. In wirtschaftlichen Boomjahren mit viel Wachstum (und, wie wir heute wissen, mit übermäßiger Verschuldung) kann sich eine Gesellschaft die Slackers auch leisten – vermutlich hat ihre Zahl in solchen Phasen sogar zugenommen, weil man es sich leisten konnte, andere mitzufinanzieren: Gelegenheit macht Faule. Doch genau dieses »Mitfinanzieren« wird nun zum offensichtlichen Problem der Wohlstandsgesellschaft.

Im Age of Less dürften die Slacker deshalb vermehrt unter sozialen Druck kommen, weil generell mit Geld haushälterischer umgegangen werden muss. Mit den knapperen Mitteln wird automatisch die gesellschaftliche Frage einen höheren Stellenwert bekommen: Was ist *dein* Beitrag zum gesellschaftlichen Wohlergehen? Da der Slacker als Mentalität und Grundhaltung der westlichen Welt ein sehr starkes, kulturell verankertes Phänomen darstellt, sind hier dauer- und schmerzhafte Konflikte absehbar. Das effizienteste Mittel im Kampf gegen die Slacker-Mentalität dürfte sein, die Verlagerung der Entscheidung über Sozialtransfers möglichst weit zu dezentralisieren – denn je anonymer das »System« ist, mit dem man es zu tun hat, desto besser ist das Gewissen, wenn man ihm auf der Tasche liegt.

6. »V.E.P.s« pushen den demografisch bedingten Wertewandel

Es sind schon viele. Und in einer älter werdenden Gesellschaft werden es auch immer mehr werden: die Frühpensionierten, die Pensionierten, die freiwillig Frühpensionierten, deren Einkommens- und Lebenssituation sich durch das Ausscheiden aus der traditionellen Erwerbsarbeit und altersbedingt verändert. Sie spielen im Age of Less die wohl entscheidende Rolle – und zwar nicht als Konsumenten (wie man bisher Rentner betrachtet hat), sondern als Produktivkraft. Sie haben Erfahrung, Geld und Wissen, sie sind die »Very Experienced Persons«, die V.E.P.s, und sie werden im Age of Less die VIPs vergessen machen.

In den USA ist diese neue Rolle der Pensionäre schon sprachlich angekommen: Man spricht nicht mehr nur von *retired*, sondern auch von *protired people*. Aber dort ist ohnehin der Gedanke der »zweiten Karriere« weiter verbreitet. Eine steigende Zahl von Beschäftigten bleibt nach der Pensionierung weiterhin im Berufsleben integriert – nicht mehr Vollzeit, aber mit Mandaten, Beratungsjobs, Mentoring oder als Advisors aller Art. Europa mit seiner rapide alternden Bevölkerung muss und wird nachziehen. Die V.E.P.s können ihre Erfahrungen einbringen und ihre Beziehungsnetze regenerieren. Und den demografischen Wertewandel verkörpern.

Erfreulicherweise sind diese Menschen in ihrer Grundhaltung optimistisch, und sie fühlen sich sehr wohl. Der sogenannte U-Bend bestätigt das sehr gut. Das ist eine u-förmige

Kurve, die auf einer Skala von 1 bis 10 die persönliche Einschätzung des Wohlergehens zu messen versucht. Nicht ganz überraschend sinken die Werte zwischen dem 18. und dem 50. Lebensjahr, vor allem zwischen 34 und 50 wird die schwierigste Phase durchschritten, um dann bis gegen 80 kontinuierlich nach oben zu gehen. Der *Economist* nannte das Ende 2010 in einer Titelstory sogar euphorisch »the joy of growing old«. Am besten drauf sind V.E.P.s, die sozial engagiert sind, einen rundherum aktiven Lebensstil pflegen, sich also produktiv betätigen und vor allem Respekt und Anerkennung bekommen für das, was sie tun. Sie fühlen sich am wohlsten zwischen 70 und 80.

Damit haben wir eine Umkehr der Einschätzungen der letzten Jahre ins Positive erreicht. Weg von den Unkenrufen, in denen vorwiegend die negativen und pessimistischen Folgen der »Überalterung« (das Wort sagt schon alles!) im Zentrum stehen, des massiven Ergrauens, der kostentreibenden Senioren, die auch noch die Züge und Flüge von Pendlern verstopfen und den Werktätigen den Platz wegnehmen.

Die Lebensstile dieser Menschen und ihre politische Einflussnahme werden weitgehend darüber entscheiden, ob erneuerbare Energien, eine sinnvolle Landwirtschaftspolitik, kluge Mobilitäts- und Wohnkonzepte umgesetzt werden oder nicht. Sie haben in einer älter werdenden westlichen Nation die Macht, Entwicklungen zu beschleunigen oder zu blockieren. Der große Vorteil: Meist sind V.E.P.s weit weniger prestige- und statussüchtig als VIPs oder VIPs of VIPs (Ausnahmen bestätigen die Regel).

7. Resistente Extrapolierer machen einfach weiter wie bisher

Sie sind diejenigen, die sich den Zwängen beugen – es *muss* sein, gemäß TINA: »There is no alternative«. Jegliche Abweichung von der Wachstumstechnokratie wird mit dem Hinweis weggeputzt, es gäbe schließlich keine Alternative, weil es uns sonst schlechter gehen werde. Es geht so weiter, »bis der letzte Zentner fossilen Brennstoffs verglüht ist« (Max Weber). Die Extrapolierer nehmen also – bewusst oder unbewusst – immer höhere politische und gesellschaftliche Kollateralschäden in Kauf: kurzfristige wirtschaftliche Integration auf Kosten der langfristigen sozialen und politischen Desintegration. Die Hartnäckigsten, die es sich gleichzeitig am einfachsten machen, haben immer das Argument der »politischen Machbarkeit« zur Hand: »Das geht politisch nicht.« Andere resistente Extrapolierer behaupten, dass die Wissenschaft und Forschung schon noch rechtzeitig Lösungen herbeiführen werden. Bislang sei das ja immer gut gegangen.

Resistente Extrapolierer sind Fatalisten. Die kontinuierlich steigenden Fixkosten, von der Miete bis zum Gesundheitswesen, die Konsumausgaben, der soziale Status führen zu unlösbaren Zwängen. Im Unterschied zum Happiness Manager pendeln sie daher häufig zwar ungern, aber willfährig auch über größere Distanzen, um mehr zu verdienen. Um so sich doch noch ein Haus zu leisten, das 15 Quadratmeter mehr Fläche hat als das Haus des Nachbarn. Oder Seeblick. Und sie arbeiten mehr, wenn sich das im monatlich ausgewiesenen Lohn auch bemerkbar macht. Die resistenten Extrapolierer werden ihren stressigen und einengenden Lifestyle als »unvermeidlich«, als »notwendig« und als »normal« weiterpflegen und für den Wandel in Richtung Age of Less wenig übrighaben. Wir können es auch einmal polemisch formulieren: Diese sehr starke Gruppe hat das *brainwashing* der wirtschaftlichen Entwicklung der letzten 30 Jahre gut verinnerlicht. Man braucht nicht beizufügen, dass ein solcher Lebensstil vor allem angstgetrieben ist: Angst vor dem Abstieg, Angst vor dem Fremden, Angst vor Neuem, das mit dem Gewohnten bricht. Sicherlich keine Voraussetzung, um sich erfolgreich anzupassen.

Nachwort: Das Tempo des Wandels

Wie lange dauert das Age of Less? Und wie schnell ergreift es uns? Es gibt viele offene Fragen. Wir können zurzeit sagen, das Age of Less ist der Versuch, Überlebensfähigkeit in der westlichen Welt zu finden. Die Alternative lautet: gut und würdevoll überleben oder mit immer akzelerierteren Krisen noch größere Schäden bekämpfen und damit Instabilitäten fördern, die allenfalls noch palliativ behandelt werden können. Aller antrainierter Egoismus, hochgezüchteter Individualismus und spielerischer Narzissmus in Ehren: Können wir das unseren Kindern antun?

Klar ist: Das Age of Less hat begonnen – vermutlich bereits mit der ersten Ölkrise 1972. Wir sind in der Zwischenzeit Weltmeister im Verdrängen und Banalisieren von unliebsamen Erkenntnissen geworden, die nicht in unser Weltbild passen. Doch die Krisen kehren in schnellerem Tempo zurück, plastisch erleben können wir das auf den Finanzmärkten, und wir sind gezwungen, noch mehr zu verdrängen und noch mehr zu banalisieren.

Wir können nicht sagen, wann die Wende im Denken sich durchsetzt und auch andere Kulturkreise erfasst. Wer sich selbst bescheidet, kann für andere zum Vorbild werden – eine Rolle, die wir gegenüber den Emerging Nations in den letzten Jahren verloren haben. Wir müssen sie zurückgewinnen, denn Anerkennung und Achtung sind der erste Schritt für eine bessere gemeinsame Zukunft. Politik, Finanzmärkte, Industrie – sie alle haben viele Fehler gemacht. Wir haben uns auch lächerlich gemacht und zutiefst blamiert, mit Guantánamo wie mit Lehman Brothers. Und wir haben weder im

Nahen Osten noch in Asien (Afghanistan, Irak, Pakistan), noch in Afrika eine Vorbildrolle abgegeben.

Aber all das sollte uns nicht davon abhalten, es noch einmal zu versuchen. Waren wir nicht einst auch davon überzeugt, dass man als Einzelner gegen die Macht und die Manipulationskunst von Big Business nichts machen kann? Inzwischen hat die Landschaft – gerade etwa durch die positiven Folgen der Vernetzung – sich radikal gewandelt. Wir begegnen uns auf Augenhöhe: Die Konsumenten beeinflussen die Unternehmen mindestens genauso stark wie umgekehrt. Und dieser Prozess hat eben erst begonnen. Märkte sind tatsächlich Gespräche (wie das »Cluetrain-Manifest« schon vor zehn Jahren sagte), Mitarbeiter erwarten schnelles Feedback und Dialoge statt Befehle, Kooperationen über die Unternehmensgrenzen werden einfacher und selbstverständlicher, selbst mit direkten Konkurrenten. Wenn es uns gelingt, das Potenzial der neuen Technologien entsprechend zu heben, dann sind wir einen Schritt weiter. Wenn wir lernen, Wissen zu teilen, lernen wir auch, Macht zu teilen. Wir sehen schon bei unseren Kindern, dass es funktionieren kann.

Der größte Feind und für uns die größte Herausforderung heute ist das Schrumpfen des Zeithorizontes: Kurzfristigkeit statt langfristige und nachhaltige Orientierung dominiert immer stärker. »Short-Termism« nennen es die Angelsachsen. Wir sind mental im Hier und Jetzt blockiert, scheinbar unfähig, uns eine Zukunft jenseits der immer mühsameren Weiterführung von Extrapolationen aus der Vergangenheit überhaupt noch vorstellen zu können. Wir blicken also nicht mehr nach vorne, in eine zu gestaltende Zukunft, sondern schauen etwa in der Politik oder in vielen Unternehmen nur noch nach links oder nach rechts: Was macht der andere? Die andere Partei oder der Wettbewerber. Es kommt scheinbar nur noch darauf an, sofort zu reagieren. Immer schneller wird der andere kopiert. Meist kopflos. Etwa mit einer nächsten Preissenkungsrunde im Einzelhandel. Oder mit dem Ruf nach dem sofortigen Atomausstieg, weil es gerade Wählerstimmen bringt. Es ist das Katz-und-Maus-Spiel, die Frage, wer sich zuerst bewegt. Denn morgen sieht es schon wieder anders aus. Es ist auch nicht die Gunst der Stunde, eher der vermeintliche Vorteil der Millisekunde. Der kurzfristige Vorteil erstickt das Denken und die Rücksicht auf vernetzte Zusammenhänge.

Wir können sogar sagen, mit der »Mehr vom selben«-Mentalität erleben wir das Ende der Zukunft. Zukunft ist für viele Menschen schlicht nicht mehr vorstellbar jenseits des Exponentiellen und Linearen des Angewohnten und bereits Bekannten. Das wäre der wirkliche Schrecken: das Ende der Zukunft, weil unvorstellbar (Günther Anders) oder weil wegbeschleunigt (Vilem Flusser). Das exponentielle und lineare Weitermachen wie bisher bringt jedenfalls noch viel mehr Instabilitäten, als wir bisher gekannt haben – und damit neue Risiken. Das ist der Weg in die Extremophilie. Die amerikanische Politik 2011 bietet bestes Anschauungsmaterial dafür: Wo die einen noch weitere Wirtschaftsförderungsprogramme anmahnen und die Verschuldung weiter ankurbeln, wollen die anderen in alter ideologischer Manier die Steuern senken, und das, obwohl sie alle zusammen eigentlich gar keine neuen Schulden mehr machen dürfen: rien ne va plus.

Das Age of Less ist eine Frage des Tempos, der Geschwindigkeiten, des Rhythmus. Die heutigen Dissynchronisationen können nicht weiter so fortlaufen.

Dass die Technologie sozusagen im Düsenjet voranrast, haben wir eindrücklich erlebt. Technologie-Unternehmen, die heute die Treiber sind und Geschäftsmodelle revolutionieren, brauchen viel weniger Zeit, um sich global Aufmerksamkeit und Anerkennung zu verschaffen und sich mit ihren

Angeboten durchzusetzen: Siemens oder IBM brauchten noch Jahrzehnte, um ihre globalen Imperien aufzubauen, für Newcomer wie Google, Facebook oder Twitter scheinen im besten Falle Monate zu genügen, um auf der ganzen Welt Millionen von Followern oder Usern zu generieren. Wir sind heute hypernervös und ungeduldig – das entsprechend profitable Geschäftsmodell muss sofort einschlagen: Wir sind schnell, und der Erfolg des Online-Abverkaufs sogar im Luxusbereich bestätigt das.

Managementmäßig sind wir in der Umsetzung von erfolgreichen Geschäftsmodellen eher im Porsche-Tempo unterwegs. Zwar mindestens drei- oder viermal langsamer als der Düsenjet, aber immerhin. Doch das genügt, schon kommen viele gar nicht mehr mit.

So wie wir uns sozial organisieren, privat und geschäftlich, so wie wir Schnittstellen managen, Abteilungen führen, sind wir bestenfalls im Fahrradtempo unterwegs. Wir brauchen also dringender denn je einen klugen Gebrauch aller Revolutionen im Bereich Social Data und der Vernetzung, um entsprechendes soziales Kapital zu generieren und einigermaßen stabile Beziehungen aufzubauen und zu unterhalten.

So schaffen wir auch den Link zur langsamsten Geschwindigkeit des Wandels: die politisch-legale Situation. Ohne einen verlässlichen gesetzlichen Rahmen ist keine Veränderung nachhaltig.

Nur wenn wir das Age of Less mit all den hier vorgeschlagenen Ansätzen beharrlich angehen, mit Mut und nicht Übermut das menschliche Maß verfolgen, öffnen sich neue Türen und damit neue Sichtweisen. Noch haben wir die Wahl.

Literaturverzeichnis

Agamben, Giorgio: *Homo Sacer. Il potere sovrano e la nuda vita*. Turin 1995

Agamben, Giorgio: *L'aperto. L'uomo e l'animale*. Turin 2002

Allen, Michel/Shaked, Israel: »RJR Nabisco: A Case Study of a Complex Leveraged Buyout«, in: *Financial Analysts Journal*, September/Oktober 1991

Anders, Günther: *Die Antiquiertheit des Menschen 1: Über die Seele im Zeitalter der zweiten industriellen Revolution*. München 2009 (Originalausgabe 1956)

Anders, Günther: *Die Antiquiertheit des Menschen 2: Über die Zerstörung des Lebens im Zeitalter der dritten industriellen Revolution*. München 2002 (Originalausgabe 1980)

Appandurai, Arjun: *Fear of small numbers. An essay on the geography of anger*. Durham, London 2006

Ariely, Dan: *Predictably irrational. The hidden forces that shape our decisions*. London 2008

Aron, Raymond: *Plaidoyer pour l'Europe décadente*. Paris 1977

Aron, Raymond: *Les désillusions du progrès. Essai sur la dialectique de la modernité*. Paris 1969

Augé, Marc: *Où est passé l'avenir?*. Paris 2011

Axelrod, Robert: *The Evolution of Cooperation*. New York 2006 (revised edition)

Baudrillard, Jean: *Amérique*. Paris 1986

Bauman, Zygmunt: *Liquid Times: Living in an Age of Uncertainty*. Cambridge 2007

Bauman, Zygmunt: *Consuming Life*. Cambridge 2007

Bauman, Zygmunt: *Collateral Damage: Social Inequalities in a Global Age*. Cambridge, Malden 2011

Bauman, Zygmunt: *Does Ethics Have a Chance in a World of Consumers?*. Cambridge, London 2009

Bell, Daniel: *The cultural contradictions of capitalism*. New York 1976

Benkler, Yochai: *The Wealth of Networks: How Social Production Transforms Markets and Freedom*. New Haven, London 2007

Binswanger, Hans Christoph: *Vorwärts zur Mäßigung. Perspektiven einer nachhaltigen Wirtschaft*. München 2009

Binswanger, Mathias: *Globalisierung und Landwirtschaft. Mehr Wohlstand durch weniger Freihandel*. Wien 2009

Binswanger, Mathias: »Wider den Reformenzwang«, in: *GDI Impuls* 04/2009

Binswanger, Mathias: *Sinnlose Wettbewerbe. Warum wir immer mehr Unsinn produzieren*. Freiburg 2010

Blaney, David L./Inayatulla, Naeem: *Savage Economics. Wealth, poverty, and the temporal walls of capitalism*. Abingdon, New York 2010

Bolz, Norbert: *Die Wirtschaft des Unsichtbaren*. München 1999

Bolz, Norbert: *Das konsumistische Manifest*. München 2002

Bolz, Norbert: »Vom nehmenden und sorgenden Kapitalismus«, Text für den 14. Deutschen Trendtag 2009

Bosshart, David: *Billig. Wie die Lust am Discount Wirtschaft und Gesellschaft verändert*. Frankfurt 2004

Bosshart, David/Gürtler, Detlef: »Die Zukunft des Arbeitens«, GDI-Studie im Auftrag der Stiftung Produktive Schweiz, 2010

Brand, Stewart: *Whole Earth Discipline. An ecopragmatist manifesto*. New York 2009

Brandenburger, Adam M./Nalebuff, Barry J.: *Co-opetition*. New York 1997

Brooks, David: *Bobos In Paradise: The New Upper Class and How They Got There*. New York 2001

Brooks, David: *The Social Animal: The Hidden Sources of Love, Character, and Achievement*. New York 2011

Burke, Peter: *Cultural Hybridity*. Cambridge 2009

Burt, Ronald S.: *Structural Holes. The social structure of competition*. Cambridge, London 1995

Burt, Ronald S.: *Brokerage and Closure. An introduction to Social Capital*. Oxford 2007

Chang, Ha-Joon: *23 Things They Don't Tell You About Capitalism*. New York 2011

Chang, Ha-Joon: *The East Asian Development Experience: The Miracle, the Crisis and the Future*. London 2007

»Citigroup Plutonomy Report«, Part 1: 16. Oktober 2005; Part 2: 5. März 2006

Cooper, Melinda: *Life As Surplus: Biotechnology and Capitalism in the Neoliberal Era*. Washington 2008

Corning, Peter: *The Fair Society and the pursuit of social justice*. Chicago, London 2011

Cross, Gary S.: *An all consuming century. Why commercialism won in modern America*. New York 2002

Coupland, Douglas: *Generation X: Tales for an Accelerated Culture*. New York 1991

Coyle, Diane: *Paradoxes of Prosperity: Why the New Capitalism Benefits All*. New York 2002

Coyle, Diane: *The Economics of Enough: How to Run the Economy as If the Future Matters*. Princeton 2011

Cowen, Tyler: *Create Your Own Economy: The Path to Prosperity in a Disordered World*. New York 2009

Cowen, Tyler: *The Great Stagnation. How America Ate All The Low-Hanging Fruit of Modern History, Got Sick, and Will (Eventually) Feel Better*. New York 2011

Csíkszentmihályi, Mihály: *Flow im Beruf. Das Geheimnis des Glücks am Arbeitsplatz*. Stuttgart 2004

DeLillo, Don: *Underworld*. New York 1997

Dumont, Louis: *Homo aequalis I. Genèse et épanouissement de l'idéologie économique*. Paris 1985

Dumont, Louis: *Homo hierarchicus. Le système des castes et ses implications*. Paris 1966

Dumont, Louis: *Essais sur l'individualisme. Une perspective anthropologique sur l'idéologie moderne*. Paris 1983

Ehrenberg, Alain: *Le culte de la performance*. Paris 1991

Ehrenberg, Alain: *La Fatigue d'être soi – dépression et société*. Paris 1998

Elgin, Duane: *Voluntary Simplicity: Toward a Way of Life That Is Outwardly Simple, Inwardly Rich*. New York 1998 (revised edition)

Enzensberger, Hans Magnus: »Der alte und der neue Luxus«, in: *Der Spiegel* 51/1996, S. 108 f.

Firebaugh, Glenn: *The New Geography of Global Income Inequality*. Cambridge 2006

Frank, Robert: *Richistan: A Journey Through the 21st Century Wealth Boom and the Lives of the New Rich*. New York 2008

Frank, Robert H.: *Smart for One, Dumb for All. Falling Behind. How Rising Inequality Harms the Middle Class*. Princeton 2008

Friedman, Benjamin M.: *The moral consequences of economic growth*. New York 2005

Friedman, Milton: *Capitalism and Freedom*. Chicago 1982 (Originalausgabe 1962)

Friedman, Thomas L.: *Hot, flat, and crowded. Why the world needs a green revolution – and how we can renew our global future.* London, New York 2008

Fukuyama, Francis: *The origins of political order. From pre-human times to the French revolution.* London 2011

Ghemawat, Pankaj: *World 3.0. Gobal prosperity and how to achieve it.* Boston 2011

Gladwell, Malcolm: *The Tipping Point: How Little Things Can Make a Big Difference.* New York 2001

GDI-Studie: »Das Zeitalter der Transparenz. Die Verdatung unseres Lebens ist eine Tatsache. Welche Chancen bietet sie?«, Nr. 36, 2011

GDI/Nextpractice-Studien: »Consumer Value Monitor« 2008, 2009, 2010

Granovetter, Mark S.: »The Strength of Weak Ties: A Network Theory Revisited«, in: *Sociological Theory* 1, 1983

Habermas, Jürgen: *Technik und Wissenschaft als »Ideologie«.* Frankfurt 1968

Händeler, Erik: *Die Geschichte der Zukunft.* Moers 2005

Harvey, David: *The Enigma of Capital. And the crisis of capitalism.* London 2010

Hayek, Friedrich A. von: *Die Anmaßung von Wissen. Neue Freiburger Studien.* Tübingen 1996

Ho, Karen: Liquidated. *An ethnography of Wall Street.* Durham, London 2009

Johnson, Simon/Kwak, James: *13 Bankers: The Wall Street Takeover and the Next Financial Meltdown.* New York 2011

Kagan, Robert: *Dangerous Nation. America's place in the world from its earliest days to the dawn oft the twentieth century.* New York 2006

Kellermann, Barbara: *Bad Leadership: What It Is, How It Happens, Why It Matters.* Harvard 2009

Kellermann, Barbara: *Followership: How followers are creating change and changing leaders.* Harvard 2008

Kellermann, Barbara: *Leadership: Essential Selections on Power, Authority, and Influence.* New York 2010

Kelly, Kevin: *What technology wants.* New York 2010

Keltner, Dacher: *Born to Be Good: The Science of a Meaningful Life.* New York 2009

Keynes, John Maynard: *The end of laissez-faire.* Amherst 2004 (Originalausgabe 1926)

Kohr, Leopold: *Das Ende der Großen. Zurück zum menschlichen Maß.* Salzburg/Wien 2002

Kohr, Leopold: *Weniger Staat. Gegen die Übergriffe der Obrigkeit.* Salzburg, Wien 2004

Kubin, Wolfgang: *Geschichte der chinesischen Literatur.* Bd. 1: *Die chinesische Dichtkunst. Von den Anfängen bis zum Ende der Kaiserzeit.* München 2002

Kurzweil, Ray: *The Singularity Is Near: When Humans Transcend Biology.* London 2005

Latour, Bruno/Serres, Michel: *Eclaircissements.* Paris 1992

Levin, Rick/Locke, Christopher/Searls, Doc/Weinberger, David: *The Cluetrain Manifesto: The End of Business as Usual.* New York 2001

Lewis, Michael: *The Big Short: Inside the Doomsday Machine.* New York 2011

Liebsch, Burkhard: *Für eine Kultur der Gastlichkeit.* Freiburg, München 2008

Lindstrøm, Martin: *Brand Sense: Sensory Secrets Behind the Stuff We Buy.* New York 2010

Lipovetsky, Gilles: *L'ère du vide. Essais sur l'individualisme contemporain.* Paris 1983

Lipovetsky, Gilles: *L'empire de l'éhpémère. La mode et son destin dans les sociétés modernes.* Paris 1987

Lipovetsky, Gilles: *Les temps hypermodernes.* Paris 2004

Lübbe, Hermann: *Modernisierung und Folgelasten. Trends kultureller und politischer Evolution.* Berlin, Heidelberg 1997

Malthus, Thomas Robert: *An essay on the Principle of Population.* Cambridge 1992 (Originalausgabe 1798)

Mandelbaum, Michael: *The frugal superpower. America's global leadership in a Cash-strapped era.* New York 2010

Meadows, Dennis L./Meadows, Donella H./Randers, Jörgen: *Limits to Growth: The 30-Year Update.* White River 2004

Nair, Chandran: *Consumptionomics: Asia's Role in Reshaping Capitalism and Saving the Planet.* Oxford 2011

Nowak, Martin/Highfield, Roger: *SuperCooperators: Altruism, Evolution, and Why We Need Each Other to Succeed.* New York 2011

Nye, Joseph S.: *The future of power.* New York 2011

Ong, Aihwa: *Neoliberalism as exception. Mutations in citizenship and souvereignty.* Durham, London 2006

Ouroussof, Alexandra: *Wall Street at war. The secret struggle for the global economy.* Cambridge 2010

Palan, Ronen/Murphy, Richard/Chavagneux, Christian: *Tax Havens. How globalization really works.* Ithaca, London 2010

Petrini, Carlo: *Slow Food: Genießen mit Verstand.* Zürich 2003

Piketty, Thomas/Saez, Emmanuel: »The Evolution of Top Incomes: A Historical and International Perspective«, NBER Working Papers 11955, National Bureau of Economic Research, Inc. 2006

Pine, Joseph B./Gilmore, James H.: *The Experience Economy: Work Is Theater and Every Business a Stage*. Harvard 1999 (updated edition 2011)

Quiggin, John: *Zombie Economics. How dead ideas still walk among us*. Princeton 2010

Rajan, Raghuram G.: *Fault lines. How hidden fractures still threaten the world economy*. Princeton, Oxford 2010

Reich, Robert B.: *The Next American Frontier*. New York 1983

Reich, Robert B.: *Tales of a New America*. New York 1988

Reich, Robert B.: *Supercapitalism. The transformation of business, democracy, and everyday life*. New York 2007

Reinhart, Carmen M./Rogoff, Kenneth S.: *This time is different. Eight centuries of financial folly*. Princeton 2009

Renner, Tim: »Warum bauen Autokonzerne keine Fahrräder?«, in: *GDI Impuls* 01/2009

Rifkin, Jeremy: *The Empathic Civilization: The Race to Global Consciousness in a World in Crisis*. New York 2009

Roett, Riordan: *The New Brazil*. Washington 2010

Rushkoff, Douglas: *Screenagers. Lessons in Chaos from Digital Kids*. Hampton 2006

Schor, Juliet B: *The Overspent American: Why We Want What We Don't Need*. New York 1999

Schumacher, Ernst Friedrich: *Small is beautiful. Die Rückkehr zum menschlichen Maß*. Bad Dürkheim 1973

Scitovsky, Tibor: *The joyless economy. The psychology of human satisfaction*. Oxford 1976

Shuman, Michael H.: *The Small-Mart Revolution: How Local Businesses Are Beating the Global Competition*. San Francisco 2006

Silverstein, Michael/Fiske, Neil: *Trading up: The New American Luxury*. New York 2003

Sloterdijk, Peter: *Im Weltinnenraum des Kapitals*. Frankfurt 2005

Smith, Adam: *The Wealth of Nations*. New York 2003 (Originalausgabe 1776)

Soros, George: *The new paradigm for financial markets. The credit crisis of 2008 and what it means*. New York 2008

Sterling, Bruce: »Envisioning tomorrow's digital culture«, Präsentation anlässlich der You Me and Everyone We Know is a Curator-Konferenz 2009, Graphic Design Museum Breda, Amsterdam

Streitz, Norbert: »Aura am Arbeitsplatz«, in: *GDI Impuls* 04/2010

Tallis, Raymond: *Aping Mankind: Neuromania, Darwinitis and the Misrepresentation of Humanity*. Durham 2011

Taylor, Mark C.: *Confidence games. Money and markets in a world without redemption*. Chicago, London 2004

Thaler, Richard H./Sunstein, Cass R.: *Nudge: Improving Decisions About Health, Wealth, and Happiness*. New Haven, London 2008

Tiger, Lionel: *The pursuit of pleasure*. New Brunswick, London 2008

Tiger, Lionel: *Reprimatisierung*. (Erscheint Ende 2011)

Tomasello, Michael/Zeidler, Henriette: *Warum wir kooperieren*. Frankfurt 2010.

Twitchell, James B.: *Lead us into temptation. The triumph of American materialism*. New York 2000

Twitchell, James B.: *Living it up: America's love affair with luxury*. New York 2003

Twitchell, James B.: *Shopping for God: How Christianity Went from In Your Heart to In Your Face*. New York 2007

Underhill, Paco: *Why we buy: The Science of Shopping*. New York 2000

Underhill, Paco: *Call of the Mall: The Geography of Shopping*. New York 2004

Vinge, Vernor: »The Coming Technological Singularity: How to Survive in the Post-Human Era«, www-rohan.sdsu.edu/faculty/vinge/misc/singularity.html 1993

Weber, Max: *Wissenschaft als Beruf 1917/1919. Politik als Beruf 1919*. Gesamtausgabe MWG I/17. Tübingen 1992

Wolf, Martin: *Why globalization works*. New Haven, London 2004